ENERGIA E SOCIEDADE NO CAPITALISMO CONTEMPORÂNEO

CARLOS VAINER
DAIANE CARLOS HÖNH
DALILA ALVES CALISTO,
FLÁVIA BRAGA VIEIRA
LUIZ ALENCAR DALLA COSTA
(ORGANIZADORES)

ENERGIA E SOCIEDADE NO CAPITALISMO CONTEMPORÂNEO

1ª EDIÇÃO

EXPRESSÃO POPULAR

SÃO PAULO – 2025

Conselho editorial do MAB: Dalila Alves Calisto, Daiane Carlos Höhn, Leonardo Maggi, Luiz Dalla Costa

Produção editorial: Marcos Visnadi
Preparação de texto: Lia Urbini
Revisão: Marcos Visnadi, Miguel Yoshida
Projeto gráfico e diagramação: Zap Design
Capa: Betina Guimarães Marques, Gabrielle Sodré
Impressão e acabamento: Paym

Dados Internacionais de Catalogação na Publicação (CIP)

E56 Energia e sociedade no capitalismo contemporâneo / Carlos Vainer...[et al.] (orgs.).--1.ed.-- São Paulo : Expressão Popular, 2025.
224 p. : grafs., tabs.

ISBN 978-65-5891-168-5
Vários autores.
Vários organizadores.

1. Energia - Brasil. 2. Modelo energético – Brasil. 3. Indústria petrolífera - Brasil. 4. Setor elétrico brasileiro – Privatização. 5. Água – Privatização. 6. Alternativas energéticas – El Salvador. 7. Modelo energético brasileiro – Bacia do Rio Uruguai. I. Vainer, Carlos [et al.]. II. Título.

CDU 620.91

Bibliotecária: Eliane Maria da Silva Jovanovich - CRB 9/1250

Editora Expressão Popular
Alameda Nothmann, 806, Campos Elíseos
CEP 01216-001 – São Paulo – SP
atendimento@expressaopopular.com.br
ed.expressaopopular
editoraexpressaopopular

SUMÁRIO

PREFÁCIO. É POSSÍVEL E NECESSÁRIO FAZER DIFERENTE NA UNIVERSIDADE: A EXPERIÊNCIA DO CURSO ENERGIA E SOCIEDADE NO CAPITALISMO CONTEMPORÂNEO

CARLOS VAINER[1]

FLÁVIA BRAGA VIEIRA[2]

Este livro vem a público em um momento em que a sociedade brasileira enfrenta grandes desafios. De um lado, assistimos, tanto na esfera da política institucional quanto no tecido social, ao crescimento da presença e influência do pensamento conservador – talvez seja melhor chamá-lo de reacionário –, que promove o empreendedorismo individualista e uma verdadeira contrarrevolução moral, que resgata o machismo, o racismo, a intolerância religiosa, entre outros valores que muitos pensávamos ter superado e lançado ao lixo da história.

1 Professor emérito do Instituto de Pesquisa e Planejamento Urbano e Regional da Universidade Federal do Rio de Janeiro (Ippur/UFRJ); coordenador do Laboratório Estado, Trabalho, Território, Natureza (Ettern) e coordenador do curso Energia e Sociedade no Capitalismo Contemporâneo.

2 Doutora pelo Ippur/UFRJ, professora do Instituto de Ciências Humanas e Sociais da Universidade Federal Rural do Rio de Janeiro, integrante do Ettern e coordenadora adjunta do curso Energia e Sociedade no Capitalismo Contemporâneo.

De outro lado, apesar de mudanças de governos, vemos a continuidade de opções de política econômica que cultuam ou se acomodam à ortodoxia neoliberal e mitificam a ilusória austeridade fiscal, calcada na primazia do pagamento da dívida pública frente às incomensuráveis dívidas sociais, assegurando a prevalência do capital financeiro sobre a atividade produtiva.

Nas três últimas décadas, o ataque ao fundo público e ao patrimônio da nação tem assumido vários formatos e tem-se desdobrado em várias frentes: altas taxas de juros; privatização de empresas públicas e prestadoras de serviços públicos; parcerias público-privadas que, com apoio do BNDES, mal conseguem escamotear a transferência de recursos públicos a capitalistas privados; privatização de espaços públicos em nossas cidades, transformadas cada vez mais em um mero negócio voltado à valorização do capital financeiro-imobiliário.

A educação não escapa a esse ataque: governadores e prefeitos de direita buscam submeter escolas públicas a privatizações, pudicamente intituladas de parcerias público-privadas para a gestão das unidades escolares; os partidários da "escola sem partido" voltam-se contra professores e alunos, constrangendo e reprimindo quem não se ajoelha diante de seu (este sim) partido (político-religioso) único; organizações empresariais, supostamente dotadas de "*expertise*", disputam a orientação pedagógica da educação nacional e ocupam posições nos governos, tentando, inclusive por meio da reforma do ensino médio, transformar em mero adestramento para o trabalho a educação das crianças e jovens de famílias mais pobres.

Essa escalada não poderia deixar incólume a universidade pública. Em 2017, em relatório encomendado pelo governo Temer, o Banco Mundial recomendava, entre outras medidas para reduzir o gasto público, a cobrança de mensalidades nas universidades públicas (Banco Mundial, 2017). Pouco depois, em 11 de dezembro de 2019, o ministro da Educação de Bolsonaro, Abraham Weintraub, anunciava o Programa Future-se como "a maior revolução na área de ensino no país nos últimos 20 anos" (Ministério da Educação, 2017) e advertia as universidades públicas para a necessidade de buscar financiamento privado e, consequentemente, alterar suas orientações quanto às pesquisas a realizar e ao ensino a promover.

A cada nova ofensiva contra a universidade pública assiste-se à reencenação de uma conhecida farsa... que muitas vezes termina em tragédia. Há a asfixia financeira da instituição ou empresa pública, o consequente sucateamento, a "demonstração" de que são ineficientes e de que não haveria recursos suficientes para preservar seu caráter público. A privatização aparece, então, como única solução. Assim também, a asfixia orçamentária das universidades públicas se transformou, ao longo dos anos, no instrumento de promoção de sua destruição paulatina e na justificativa para avançar na privatização, nas parcerias público-privadas ou mesmo na privatização de parte do patrimônio universitário, como aconteceu, recentemente, com a concessão de 15 mil m^2 do histórico *campus* da Praia Vermelha, da Universidade Federal do Rio de Janeiro, entregues a uma empresa de espetáculos para exploração comercial por 30 anos.

A crise orçamentária crônica deve, pois, ser entendida como parte de uma estratégia de médio e longo prazos que vai corroendo tanto as infraestruturas quanto a autonomia do direcionamento de pesquisas, cada vez mais dependentes de recursos não orçamentários, que podem ser emendas parlamentares, editais direcionados conforme as preferências dos governos de plantão ou financiamentos empresariais.

Neste contexto, as resistências que se forjam no interior da universidade pública são da maior importância. Na direção da democratização de acesso, são inegáveis as conquistas, como a generalização de ações afirmativas que abrem as portas das universidades a estudantes negros e negras, indígenas e egressos(as) das escolas públicas. Igualmente relevantes são as lutas da comunidade universitária para barrar o processo de sucateamento, para preservar condições de trabalho e remunerações dignas aos corpos docente e técnico-administrativo, assegurar bolsas de estudos e assistência estudantil compatíveis com a ampliação do acesso de setores mais pobres da população.

A democratização da universidade, porém, pode e deve também ser entendida e buscada por meio do diálogo e interação com os movimentos populares, em um processo que é simultaneamente de difusão dos conhecimentos científicos gerados na/pela academia e de diálogo com os saberes tradicionais e populares, acumulados ao longo de gerações e/ou construídos nas/pelas lutas populares. Este livro é fruto desse tipo de diálogo e interação.

Há mais de 30 anos, o Laboratório Estado, Trabalho, Território e Natureza, do Instituto de Pesquisa e Planejamento Urbano e Regional da Universidade Federal do Rio de Janeiro (Ettern/Ippur/UFRJ), mantém seu compromisso e engajamento com esse processo de ensino-aprendizagem que está no coração de uma interação democrática e mutuamente enriquecedora entre estudantes, pesquisadores e professores, de um lado, e militantes de organizações e movimentos populares, de outro. Nesse processo, nasceu, no início da década de 1990, o núcleo de Assessoria Técnica e Educacional Meio Ambiente e Barragens (Atemab). Além de apoiar os movimentos de atingidos por barragens com estudos e consultorias técnicas, o Atemab tem oferecido cursos de especialização e extensão formais. No caso dos cursos de especialização, em particular, eles integram formalmente o Programa de Pós-Graduação em Planejamento Urbano e Regional. Esse é o caso do curso Energia e Sociedade no Capitalismo Contemporâneo, que desde sua primeira edição, em 2008-2010, já formou 298 estudantes, tanto do Movimento dos Atingidos por Barragens (MAB) quanto de outros movimentos rurais e urbanos, de todo o Brasil e de quase todos os países da América Latina.

Pela sua continuidade, pela dimensão e pelo lugar que passou a ocupar entre os esforços voltados à colaboração e ao diálogo da universidade com movimentos populares, esse curso merece que lhe consagremos alguma atenção.

O curso de Energia, como informalmente a ele nos referimos, nasceu com a intenção de propiciar a concretização da intenção do MAB de qualificar teórica e tecnicamente seus militantes (em primeiro lugar, suas lideranças nacionais e regionais) para o enfrentamento com os representantes de empresas e governos, mas também agentes do sistema de Justiça, que, ali e quando se instaura algum tipo de possibilidade de argumentação e contra-argumentação, buscam fazer prevalecer sua formação acadêmica superior para impor seus saberes e suas razões. Quando não usam o argumento da força pura e simples, é como se os agentes do poder dissessem aos trabalhadores e militantes: "Nós sabemos do que estamos falando, nós estudamos e nos formamos para tomar as decisões que estamos tomando, enquanto vocês, reconheçam, não têm o conhecimento técnico-científico necessário para se contrapor a nossos planos e projetos".

Como já foi várias vezes dito e repetido, saber é poder, e o monopólio do saber constitui um elemento a mais para desequilibrar a correlação de forças que acaba por impor e repor o poder dos poderosos. Romper esse monopólio, que produz e reproduz uma desigual distribuição social não apenas da riqueza, mas também dos meios de acessar e produzir conhecimento técnico-científico, foi um dos primeiros e principais desafios que se colocavam na origem de todo o esforço do MAB no plano educacional e que levaram à proposta de um curso de formação superior a ser formatado e oferecido pela Atemab/Ettern/Ippur/UFRJ.

Mas, além desse intento do que poderíamos chamar de democratização do acesso ao conhecimento técnico-científico e ao pensamento crítico produzido na academia, o curso nascia também com a consciência de que, ao contrário do proclamado de forma arrogante pelos pretensos detentores do "saber válido", os militantes, por seu enraizamento no tecido social, pela detenção de saberes populares, por suas experiências de vida e luta, também são portadores de conhecimentos necessários, indispensáveis à elaboração de políticas, planos e projetos e, sobretudo, às tomadas de decisão relacionadas ao controle, à apropriação e ao uso de recursos públicos e recursos naturais (água, terra, flora, fauna...). Não se tratava, pois, de conceber e criar um curso em que os professores transfeririam seus conhecimentos a estudantes passivos, mas de uma verdadeira troca de saberes, em que a interação e o diálogo deveriam estruturar todo o processo de ensino-aprendizagem. O que significou, muitas vezes, uma reeducação tanto de estudantes quanto de docentes, para transformar em prática a máxima de Paulo Freire: "Quem ensina aprende ao ensinar; e quem aprende ensina ao aprender".

Com esses objetivos e convicções iniciais, rapidamente, e graças ao sucesso alcançado e à repercussão da experiência em andamento, nas edições que se seguiram, o curso passou a receber dois novos tipos de estudante: aqueles(as) que vinham de outros movimentos rurais e urbanos, em particular vinculados à questão energética, como eletricitários e petroleiros; e aqueles(as) que vinham de movimentos de atingidos por barragens de outros países latino-americanos, mas também da Europa e África. Assim, o curso se transformava também, embora isso não houvesse sido originalmente planejado, em um lugar de encontros entre militantes e suas experiências diversificadas. Decididamente, não se tratava mais apenas de um curso para movimentos, mas de um curso ele mesmo em movimento.

Da convivência, do companheirismo e dos laços de confiança propiciados pelos períodos quinzenais de aulas presenciais, das atividades e trabalhos em grupo, das discussões e conhecimento mútuo das lutas de cada um(a) entre militantes do MAB, dos sindicatos de eletricitários e dos petroleiros nasceu a Plataforma Operária e Camponesa de Água e Energia (Pocae). A Pocae tem desenvolvido lutas conjuntas e trazido uma rica contribuição para a luta pela superação do modelo energético vigente.

Processo similar aconteceu em virtude do encontro de militantes vindos de 15 diferentes países da América Latina. Em um portunhol sempre motivo de risos e alguns mal-entendidos, nasceu o Movimiento de Afectados por Represas en América Latina, que já realizou vários encontros internacionais. Cabe registrar que o MAR, integrando movimentos de 12 países (México, Colômbia, Brasil, Chile, Honduras, Guatemala, Bolívia, El Salvador, Argentina, Peru, Brasil e Cuba), foi criado em 2016, em encontro dos atingidos sobre realidades latino-americanas ocorrido concomitantemente ao 4º Encontro Internacional de Ciências Sociais e Barragens, promovido pelo Ettern/Ippur/UFRJ, realizado na Universidade Federal da Fronteira Sul, em Chapecó (SC).

Dessa forma, poder-se-ia afirmar que o curso Energia e Sociedade no Capitalismo Contemporâneo não apenas é um curso para movimentos, não apenas é um curso em movimento, mas é um curso-movimento, que favorece e contribui para a emergência de novas articulações e movimentos populares. Esta é sem dúvida uma experiência não apenas original, mas extraordinária.

Outro elemento que merece destaque é que esse curso não apenas formou os militantes que nele se inscreveram e que o frequentaram, mas formou também uma nova geração de docentes/acadêmicos. Muitos(as) mestrando(as) e doutorandos(as) do Ippur vinculados ao Ettern tiveram contatos e experiências docentes neste curso. Vários(as) doutorandos(as) contribuíram na orientação para que os(as) estudantes levassem a bom termo seus trabalhos de conclusão, fazendo de nosso curso de especialização um dos que têm mais alto índice de conclusão de toda a UFRJ. Mais importante: os(as) mestrandos(as) e doutorandos(as) do Ippur que participaram do curso são hoje docentes e pesquisadores(as) em diversas universidades públicas brasileiras, levando, em sua bagagem acadêmica, científica, pedagógica e ética a convicção de que a universidade ganha um novo sentido quando se abre ao diálogo com os movimentos populares.

Por fim, o curso de Energia evidencia um elemento contra-hegemônico muito importante na conjuntura atual: seu caráter eminentemente coletivo. Estudantes do curso são selecionados(as) não apenas por suas competências individuais, mas por sua experiência em organizações da sociedade civil. Os trabalhos de conclusão, ainda que autorais, são debatidos e elaborados ao longo das etapas em grupos temáticos, ao lado de professores(as)/pesquisadores(as) que compõem uma equipe de orientação. A leitura dos textos para as aulas, a arrumação dos espaços de convivência e alojamento, a coordenação de cada dia de aula, tudo é feito em núcleos de base, os quais são reorganizados a cada etapa para que todos(as) possam se conhecer e conviver, ao longo dos dois anos de curso, com a pluralidade de saberes, hábitos e modos de vida de quem compõe a turma.

Diferentemente de outras formas de democratização da universidade, como as políticas de cotas e de assistência estudantil, as quais têm como centro a inclusão de indivíduos, nosso curso-movimento está alicerçado em coletivos e a eles se destina. Essa é uma forma muito especial de desafiar o individualismo que reina inquestionável nas práticas e políticas tanto dos setores reacionários quanto dos grupos progressistas, na sociedade em geral e na universidade em particular, que acabam replicando, mesmo que de forma inconsciente, os comportamentos competitivos propugnados pelas cartilhas do individualismo neoliberal. O curso de Energia tem mostrado, nos últimos 16 anos, de forma criativa e solidária, que se pode superar o "possível" neoliberal e se aventurar no que parece, a muitos, impossível.

Os trabalhos de egressos(as) do curso Energia e Sociedade no Capitalismo Contemporâneo são fruto e demonstração da vitalidade e riqueza dessa experiência. Eles são a evidência de que, se há algum caminho para a sobrevivência da universidade pública brasileira, certamente não é o da privatização nem das parcerias público-privadas, nem da entrega de espaços universitários ao capital privado, mas, sim, o de reinvenção de uma universidade que seja popular – tanto por seus estudantes quanto por seus compromissos. Uma universidade que rompa com os modelos copiados dos países centrais dominantes, que direcione suas pesquisas e seu ensino em conformidade com as necessidades de nosso povo, que multiplique e generalize suas relações com os movimentos populares. Diante dos avanços e arreganhos dos inimigos da universidade e de tudo o que seja público, a experiência aqui brevemente relatada mostra que é possível fazer, aprender e ensinar de maneira diferente, e que a luta histórica pela preservação da universidade pública, gratuita e de qualidade é, hoje, também, necessariamente, a luta por uma universidade popular.

APRESENTAÇÃO

COORDENAÇÃO NACIONAL DO MAB

É com enorme alegria que apresentamos este livro, que resulta de uma bonita história de articulação e compromisso mútuo entre a Universidade Federal do Rio de Janeiro (UFRJ) – por meio do Instituto de Pesquisa e Planejamento Urbano e Regional (Ippur) – e o Movimento dos Atingidos por Barragens (MAB). Há muito tempo desenvolvemos um trabalho conjunto entre o Laboratório Estado, Trabalho, Território e Natureza (Ettern), do Ippur/UFRJ, e os atingidos por barragens no Brasil. Esta troca de saberes universitário e popular remonta à década de 1980, quando ainda nem existia o MAB enquanto movimento nacional.

A luta de denúncia e resistência dos atingidos por hidrelétricas e barragens para outros fins, como abastecimento de água ou para acúmulo de rejeitos de mineração, é bastante antiga em nosso país. Houve lutas dos atingidos nas hidrelétricas de Sobradinho, no rio São Francisco; em Tucuruí, no Pará; no sudoeste do Paraná, frente a Itaipu, e tantas outras desde a década de 1970. Mas foi na segunda metade da década de 1980 que houve uma maior aproximação entre a UFRJ e essas lutas, principalmente na bacia do rio Uruguai, na divisa do Rio Grande do Sul com Santa Catarina.

Unidos na compreensão de que poderíamos atuar juntos, fomos construindo várias experiências e um processo de formação de lideranças das populações atingidas, qualificando quem lutava, para entender melhor o que ocorria e, a partir do estudo e da informação adequada, como poderia haver avanços nas lutas populares. Construímos um processo para articular de forma organizada as diversas lutas existentes de Sul a Norte do Brasil, culminando na fundação do MAB, em 1991. Elaboramos propostas para Planos de Recuperação e Desenvolvimento das Comunidades Atingidas (Plandescas). Estimulamos e construímos Encontros Internacionais de Atingidos, o primeiro dos quais aconteceu em Curitiba, em 1997. Desde então, tivemos os encontros de Rasi Salai, na Tailândia (2003), e Temacapulín, no México (2010), e estamos preparando para 2025 o IV Encontro Internacional.

Participamos em conjunto do processo de constituição, assim como dos estudos e debates da Comissão Mundial de Barragens, que, sob a presidência de Kader Asmal, então ministro de Recursos Hídricos da África do Sul, contou com a participação de governos, empresas e representações dos movimentos dos atingidos e organizações ambientalistas, cujo relatório final – *Barragens e desenvolvimento* (2000) – reconheceu que as barragens não atingiam os resultados prometidos e implicavam altos custos financeiros, sociais e ambientais não previstos. Construímos um programa que foi instituído pelo governo federal, a partir de 2003, denominado Programa de Educação para Cidadania Energética e Ambiental (Pecea) , para seguir na atualização e qualificação de lideranças de atingidos em todo o país.

Ao lado de representantes do Ministério Público Federal, da Defensoria Pública da União, do Ministério de Minas e Energia e do Ministério do Meio Ambiente, o Ettern/Ippur/UFRJ e o MAB integraram a comissão especial do Conselho de Defesa dos Direitos da Pessoa Humana (CDDPH) que investigou a denúncia de violações dos direitos humanos encaminhada pelo movimento. Em 2010, o relatório final da comissão, aprovado pelo CDDPH, vinculado à Secretaria Especial de Direitos Humanos da Presidência da República, após concluir que o planejamento, a construção e a operação de barragens violam de maneira sistemática e recorrentemente os direitos humanos das populações atingidas, elencou uma série de recomendações a serem implementadas pelo Estado brasileiro.

Ao longo dos anos, foram muitas e ricas as experiências de assessoria técnica e cursos de curta duração para militantes do MAB, culminando, em 2008, com a promoção do curso Energia e Sociedade no Capitalismo Contemporâneo, do Ippur/UFRJ.

Inicialmente destinado quase exclusivamente aos militantes do próprio MAB, suas sucessivas edições foram incorporando ativistas de outros movimentos urbanos e rurais, com destaque para integrantes das organizações que compõem a Plataforma Operária e Camponesa de Água e Energia (Pocae)[1] e integrantes do Movimiento de Afectados por Represas (MAR).[2] Seu objetivo central é contribuir para a produção e troca de conhecimentos produzidos na academia e nos movimentos sobre o tema da energia, articulando-o ao contexto social, político e econômico do capitalismo contemporâneo, contribuindo para o processo de reflexão acerca das políticas de energia do país. Ao formar especialistas em energia e sociedade engajados nas organizações

1 Disponível em: https://mab.org.br/2014/11/25/cartilha-da-plataforma-operaria-e-camponesa/.

2 O MAB possui atuação nos seguintes países: Venezuela, Cuba, Estados Unidos, Honduras, México, El Salvador, Colômbia, Nicarágua, Argentina, Chile, Paraguai e Panamá.

e lutas sociais, ao qualificá-los para compreender e analisar as dinâmicas e lógicas que estruturam a produção, distribuição e consumo de energia na sociedade contemporânea, o curso abre novos horizontes para a luta por uma transição energética que aponte na direção da construção de uma sociedade igualitária e democrática, social e ambientalmente justa.

Considerando a realidade dos(as) estudantes oriundos dos movimentos sociais, atendendo aos princípios da inclusão universitária, bem como à Meta 14 do Plano Nacional de Educação (Lei n. 13.005/2014), o curso é ofertado em nível de pós-graduação *lato sensu* e de extensão. Assim, são emitidos diplomas de especialização para aqueles(as) que possuem nível superior completo e certificados de extensão para os(as) demais estudantes.

O quadro abaixo apresenta a estrutura curricular do curso. Nele estão descritos seus quatro eixos estruturantes: Economia Política; Meio Ambiente; Energia; Estado e Classes Sociais.

Etapas/Eixos	**1ª Etapa: Teórico-conceitual**	**2ª Etapa: Histórica 1**	**3ª Etapa: Histórica 2**	**4ª Etapa: Política**
Eixo Temático 1: Elementos de Economia Política	Princípios básicos da Economia Política	Imperialismo e outras teorias sobre o capitalismo mundial	Social-democracia e o "Estado de Bem-Estar"	Globalização e capitalismo contemporâneo
Eixo Temático 2: Economia Política do Meio Ambiente	Capitalismo, natureza e escassez	História da questão ambiental e de seu aparato institucional	Lutas sociais e justiça ambiental	Meio ambiente e direitos humanos
Eixo Temático 3: Economia Política da Energia	Energia e industrialização no mundo moderno	História da energia no Brasil	Geopolítica da energia no mundo contemporâneo	A energia no Brasil contemporâneo
Eixo Temático 4: Estado e Classes Sociais	Estado e classes na sociedade moderna	Estado e revoluções I	Estado e revoluções II	Estado e classes na sociedade contemporânea

Ofertado em quatro etapas de duas semanas cada uma, o curso é desenvolvido no regime de alternância, previsto na Lei de Diretrizes e Bases da Educação Nacional (LDB/1996). Assim, há dois espaços-tempos pedagógicos: tempo escola e tempo comunidade, favorecendo que a relação entre estudo e prática seja mantida ao longo dos dois anos de integralização dos créditos.

Em cada uma das etapas do tempo escola são ministradas quatro disciplinas, uma de cada eixo temático, conforme descrito na estrutura curricular. A carga horária diária é de 8 horas, incluindo aulas expositivas, debates, leituras, entre outras atividades pedagógicas, privilegiando o trabalho em grupo e a interação entre estudantes de diferentes origens, experiências e níveis de formação.

No tempo comunidade, sempre em contato com orientadores(as) indicados(as) pela coordenação do curso, os(as) estudantes são desafiados(as) a refletir sobre os temas do curso. Da mesma forma, temas e situações vivenciados na atuação dos(as) estudantes são trazidos à reflexão nas etapas presenciais (tempo escola).

De 2008 a 2024, o curso formou 298 estudantes, oriundos(as) de 17 países e 57 organizações sociais, sendo 40 nacionais e 17 internacionais. Uma nova edição do curso será oferecida em 2025.

Os artigos que compõem este livro são fruto desta rica experiência de ensino-aprendizagem, que propiciou um efetivo intercâmbio de saberes e teceu sólidos laços de interlocução entre o Ettern/Ippur/UFRJ e o MAB e demais movimentos da Pocae e do MAR. Eles foram selecionados entre dezenas de textos e trabalhos.

No artigo "A materialização do modelo energético brasileiro na bacia do rio Uruguai", Gilberto Carlos Cervinski – agrônomo, integrante da coordenação nacional do MAB e estudante da primeira turma, que seria atingido pela construção do eixo da barragem de Machadinho (Alto Uruguai) previsto no projeto original e abandonado graças à resistência dos atingidos, reduzindo em mais de 50% o número de famílias deslocadas compulsoriamente – expõe e analisa a forma pela qual o modelo energético brasileiro se materializou na bacia do rio Uruguai, lançando luz sobre como a construção de barragens promove a expropriação-apropriação-privatização de recursos naturais (água, terra, florestas etc.), com dramáticas consequências sociais e ambientais.

No artigo "Alternativas energéticas para El Salvador", Lety Méndez – agrônoma, integrante da Frente Farabundo Martí de Libertação Nacional (FMLN) e estudante da primeira turma – explora, com base em análise de informações sobre a realidade de El Salvador, de maneira original a problemática da elaboração e implantação de alternativas que poderiam abrir caminhos para um novo modelo energético para o país.

No artigo "Transformações na política de conteúdo local e os impactos gerados na indústria", Ingrid Pereira de Moraes Silva – engenharia mecânica, integrante do Levante Popular da Juventude e estudante da quinta turma – traça um panorama das transformações na política de conteúdo local no território brasileiro, relacionando seus avanços e refluxos a impactos na indústria nacional, com destaque para a Petrobras e o adensamento de uma cadeia produtiva ligada ao setor petrolífero, estratégico na geopolítica mundial, dada a importância do petróleo como recurso energético fundamental nos dias de hoje.

No artigo "Os efeitos da privatização no setor elétrico brasileiro", Pedro Damásio Costa Neto – engenheiro eletricista, advogado, atual presidente da Federação Nacional dos Urbanitários (FNU) e estudante da quarta turma – traz uma reflexão sobre a privatização do setor elétrico, com destaque para a análise de duas de suas consequências mais relevantes: a escalada dos preços das tarifas, em especial para os consumidores residenciais, e o aumento da terceirização do trabalho no setor. A conclusão é que a privatização penaliza tantos os consumidores quanto os trabalhadores do setor.

No artigo "A privatização da água e a luta pela recuperação dos bens comuns: resistência translocal e o direito à água", Caitlin H. Schroering – professora assistente no Departamento de Estudos Globais da University of North Carolina, integrante do Comitê de Solidariedade ao MAB nos Estados Unidos e estudante da quinta turma – analisa os desafios da luta contra a privatização da água em Pittsburgh, nos Estados Unidos, refletindo como as noções de "direito à água" e de "justiça ambiental" têm se constituído como princípios fundamentais das lutas em defesa da água em todo mundo. A autora destaca, ainda, como a atuação da OWC, movimento de justiça ambiental dos Estados Unidos, foi decisiva para engajar a população em processos de resistência e de governança democrática em relação aos sistemas públicos de água em Pittsburgh, e como tais lutas estiveram articuladas no local e, ao mesmo tempo, com análise e ação global, tornando-se um exemplo de resistência translocal.

No lançamento deste livro, há que se agradecer a todos e todas, militantes e dirigentes dos movimentos, organizações sindicais e populares, docentes do Ippur e de outras universidades (que lecionaram nas disciplinas ou que orientaram estudantes em seus trabalhos de conclusão de curso); agradecer também aos dirigentes e técnicos administrativos da UFRJ que possibilitaram a infraestrutura material do curso, com destaque para a Escola de Educação Física e Desportos, que acolheu nossas turmas em seus espaços ao longo dos anos; bem como aos apoios financeiros e institucionais de várias entidades e órgãos públicos.

Os capítulos deste livro constituem uma pequena, mas expressiva, amostra da riqueza, diversidade e capacidade analítica dos(as) estudantes, brasileiros(as) ou não, militantes dos mais diversos movimentos que passaram pelo curso Energia e Sociedade no Capitalismo Contemporâneo. Eles mostram a importância de continuar e expandir a colaboração e o diálogo de saberes entre universidade pública e movimentos populares. Que esta leitura sirva para fortalecer nosso compromisso e nossas ações por um mundo justo e igualitário.

A MATERIALIZAÇÃO DO MODELO ENERGÉTICO BRASILEIRO NA BACIA DO RIO URUGUAI

GILBERTO CARLOS CERVINSKI

Este artigo foi escrito no primeiro trimestre de 2010. Os principais dados utilizados referentes aos contratos de preços e receitas das hidrelétricas que serviram como base da presente pesquisa referem-se ao ano de 2009. Desde então, se passaram 15 anos. Para uma noção do presente, buscamos oferecer aos leitores deste artigo informações atualizadas, utilizando como base o ano de 2023.

De acordo com os dados publicados pelo Operador Nacional do Sistema (ONS), de 1º de janeiro de 2010 até 31 de dezembro de 2023 (14 anos), as sete usinas hidrelétricas produziram exatamente 337.124.000 MWh de eletricidade, o que equivale a 2.750 MW médios.

Em relação ao preço de comercialização da eletricidade – que, em 2009, estava na faixa dos R$ 140,00/MWh –, no ano de 2023, conforme notas técnicas publicadas pela Agência Nacional de Energia Elétrica (Aneel) em processos de revisões tarifárias das distribuidoras, alguns contratos das hidrelétricas da bacia do rio Uruguai comercializaram sua energia a um preço de R$ 320,00/MWh. Portanto, ao adotar como referência de preço médio este valor, pode-se afirmar que as usinas faturaram nos últimos 14 anos algo em torno de R$ 108 bilhões ou R$ 7,7 bilhões/ano.

Para comparação, em 2023, de acordo com dados publicados pelo Tesouro Nacional, o governo federal transferiu aos 50 municípios atingidos por tais hidrelétricas o valor total de R$ 1,02 bilhão via Fundo de Participação dos Municípios e demais mecanismos, e vale lembrar que nesse universo de municípios constam algumas cidades consideradas polos regionais de porte médio, como Chapecó, Concordia, Lages e Vacaria. Já em Compensação Financeira pela Utilização de Recursos Hídricos (CFURH), essas mesmas usinas pagaram aos 50 municípios atingidos, durante o ano de 2023, cerca de R$ 80 milhões, o que significa 1% da receita líquida das usinas.

O fato é que as melhores e mais modernas unidades de produção de energia elétrica instaladas nesse território quase nada oferecem para o desenvolvimento desses locais. Ao contrário, a riqueza ali gerada é "exportada" da periferia para os centros do capital.

Nas últimas décadas, dezenas de hidrelétricas foram projetadas e construídas para atender a demanda de eletricidade nacional. Os principais investimentos do governo brasileiro, até o momento, estão direcionados para construção de grandes usinas nas principais bacias hidrográficas do país.

A bacia do rio Uruguai (BRU), situada na região Sul do país, tem uma grande capacidade estimada e um potencial de geração hidráulica de 12.800 MW. Do ponto de vista econômico, tem sido uma das regiões que desperta interesse das empresas privadas. Até 2010, foram construídas sete grandes hidrelétricas, e vários outros projetos estão planejados para serem iniciados em breve.

Desde o anúncio dos primeiros planos de barragens na região, o discurso oficial dos governos, empresas e apoiadores foi de que "as hidrelétricas trariam progresso e desenvolvimento para a região". Isso foi, e tem sido, a justificativa ideológica para a concretização dos projetos. Geração de emprego, risco de apagão, diminuição das tarifas, energia renovável, melhoria de vida do povo da região, turismo e *royalties* são algumas das propagandas utilizadas publicamente para convencer a população local.

O objetivo deste artigo é refletir sobre as consequências do atual modelo energético em uma região que abriga unidades de produção de alta qualidade – as hidrelétricas da bacia do rio Uruguai, situadas na divisa dos estados do Rio Grande do Sul e Santa Catarina. Trata-se de um conjunto de sete grandes usinas construídas e várias outras planejadas. Apresentamos quais são os interesses centrais que envolvem esses projetos e, para tanto, desenvolvemos um balanço destes 30 anos de construção de barragens na região.

A questão central é: essas obras de geração de energia, que foram anunciadas há 30 anos e que paulatinamente estão sendo construídas na região, estão a serviço de que e para quem? Qual é de fato o resultado para o povo dessa região e para o país?

Energia elétrica: a importância e o que é disputado

A noção de energia é recente, surgiu no seio da sociedade burguesa. Partimos da noção de que ela é produto do trabalho humano e, portanto, produto dos trabalhadores e trabalhadoras. Para Gonçalves:

> a energia não é algo dado, e nem estava determinada na e pela natureza. A energia é uma noção humana, histórica e socialmente produzida diante de determinadas necessidades concretas da relação social de produção que precisa aproximar-se das transformações com maior precisão, conhecendo as suas modalidades e quantificando-as em seus processos. [...]

> Assim, a noção de energia não é algo objetivo na natureza sem vestígios sociais. O objetivo na natureza-social são as transformações que os seres sociais, do modo de produção capitalista, realizam na interação-produção social. Desse modo, a energia é uma noção desenvolvida, no interior da sociedade capitalista, diante da necessidade de compreender – quantificar e qualificar – as transformações objetivas decorrentes da incorporação de fenômenos naturais como forças produtivas para fortalecer e intensificar a reprodução do valor. (Gonçalves, 2007, p. 146-147)

Do ponto de vista capitalista, a produção de energia tem relação direta com a lucratividade do capital, e a eletricidade permite elevar a produtividade do trabalho dos(as) trabalhadores(as) para aumentar as taxas de mais-valor. Ou seja, a importância da energia para o capitalismo é que ela possibilita aos agentes empresariais aumentar e extrair o máximo de lucro.

A eletricidade é uma mercadoria diferenciada, porque possui dupla função: pode ser um bem de consumo e um bem de produção. Como bem de produção, ela é usada principalmente na indústria, para mover máquinas e equipamentos modernos que possam aumentar a produtividade do trabalho da classe trabalhadora e, portanto, gerar maior volume de trabalho excedente aos capitalistas. Foi com esse objetivo que ela foi criada no século XIX. E, como bem de consumo, é um produto de grande uso social, isto é, tem um grande número de compradores, e não há um produto que a possa substituir. No caso brasileiro, isso se encaixa perfeitamente, pois todos os milhões de brasileiros consomem eletricidade para satisfazer as necessidades humanas, em especial para a iluminação das residências, mas também existe uma indústria relevante. Com essa característica de dupla função, é uma mercadoria que não possui dificuldade de consumo e comercialização e ao mesmo tempo é um processo intenso de produção de valor.

> Vale destacar que a eletricidade, na atualidade da sociedade capitalista, é um produto fundamental em múltiplos espaços sociais. Tem larga utilização como bem de consumo, bem de produção e bem de serviço. É uma mercadoria imprescindível socialmente e sem substituta, condição que lhe assegura um imenso número de compradores cativos. Como mercadoria, a eletricidade é um produto que não tem como ser estocado após a sua produção. Por isso, o ato de produção é também circulação [...]. O que se quer dizer é que a eletricidade é produzida, ou melhor, é transformada desde a geração até o uso final simultaneamente. A geração, a transmissão e a distribuição compõem o sistema fabril da eletricidade. Somente depois de passar por estas fases é que a eletricidade, em geral, pode ser transformada para um determinado uso final. Por isso, produção e consumo de eletricidade são atos simultâneos. (Gonçalves, 2007, p. 312)

Existem várias formas de produzir eletricidade, sendo que o uso de termelétricas é a forma que predomina no mundo. Mesmo sendo a hidroeletricidade a mais eficiente –com um fator de conversão de 92%, enquanto as demais tecnologias giram na faixa de 30% de eficiência –, nem todos os países possuem potencialidade hidráulica. Vale destacar que o capital, para atender seu interesse, busca dominar as unidades onde houver maior produtividade do trabalho, pois consegue as maiores taxas de lucratividade. Assim, a energia hídrica passa a ser a mais disputada, porque possibilita aos detentores dos meios de produção tornar o trabalho dos trabalhadores mais produtivo e, consequentemente, apropriar-se do valor suplementar (Gonçalves, 2007).

No Brasil, a partir dos anos 1990, o setor elétrico foi privatizado e a mercadoria principal passou a ser a própria eletricidade. Uma das questões centrais é a política de preços. Antes do processo de privatização, as tarifas de energia eram definidas basicamente pelo custo de produção próprio da hidroeletricidade brasileira, de menor custo, e por isso eram tarifas menores que as mundiais. Com a nova organização, sob a hegemonia das ideias neoliberais, os preços foram aumentados. As tarifas de energia elétrica passaram a seguir os preços internacionais, como é explicado a seguir:

> A eletricidade, se feita a abstração de sua fonte de geração, é uma mercadoria que tem um preço de produção médio geral – se produzida em condições exclusivamente capitalistas –, cuja magnitude gira em torno do preço de custo de produção médio das fontes e tecnologias dominantes, adicionada à taxa de lucro média do capital. Importa destacar que este preço de produção médio geral não é determinado pelo preço de custo individual de cada sistema de geração, ele expressa o preço de produção de custo médio da eletricidade nas piores condições de produtividade de todo o segmento de produção.
> No caso da geração de eletricidade, esta corresponde à condição de geração térmica a partir dos combustíveis fósseis. Esta forma – geração de eletricidade de origem térmica – determina o preço médio geral. [...] Por isso, o preço médio de produção por unidade de eletricidade produzida é dado pelo custo de produção por unidade de eletricidade nesta condição (térmica de combustíveis fósseis) mais a taxa média de lucro aplicada sob o total de capital empregado para produzir uma unidade de eletricidade. (Gonçalves, 2007, p. 173-174)

Do ponto de vista da produção, o valor da eletricidade produzida a partir dos potenciais hidráulicos tem um custo de produção menor que a partir de combustíveis fósseis, por meio das termelétricas. A matriz elétrica brasileira, em 2009, possuía em torno de 80% de fonte hídrica, porém passou a praticar preços internacionais fazendo o povo brasileiro pagar tarifas como se nossa eletricidade fosse termelétrica. Significa que os empreendedores que se apropriaram dos potenciais hidráulicos passaram a obter *lucros suplementares* (ou lucros extraordinários), resultado da diferença entre o seu preço de produção a partir dos recursos hidráulicos e o preço de produção social médio baseado nas termelétricas (Gonçalves, 2007).

Mais-valia extraordinária, segundo Marx, é um lucro extra, além das taxas médias de lucro recebidas pelo conjunto dos capitalistas. Geralmente é temporária; no entanto, quando as empresas conseguem monopólio, a mais-valia extra passa a se tornar permanente. A eletricidade brasileira, por suas características, proporciona tais condições.

O *lucro suplementar* da geração da eletricidade hidráulica é resultado da diferença do preço de produção social médio – térmicas a combustíveis fósseis – e o preço de produção próprio das hidrelétricas. Essa noção – *lucro suplementar* – é uma das questões centrais para o entendimento da produção de energia elétrica no Brasil. Pois ela, historicamente e principalmente na atualidade, tem sido um dos fatores centrais na "disputa pelas 'fontes' e controle dos excedentes" da indústria elétrica brasileira (Gonçalves, 2007).

Com essa nova característica tarifária, a eletricidade assumiu o papel de principal mercadoria e tornou-se o principal negócio dos empresários nesse setor. E os potenciais hidráulicos passam a ser o foco prioritário de disputa na busca pelo seu controle.

O potencial hidrelétrico da bacia do rio Uruguai, que é estimado em 12.800 MW, se torna um desses territórios brasileiros disputados pelo capital para acessar e controlar as taxas de lucro extraordinárias que essas usinas oferecem.

A bacia do rio Uruguai e sua potencialidade energética

A bacia do rio Uruguai tem aproximadamente 384 mil km^2, dos quais cerca de 176 mil km^2 situam-se em território brasileiro.[1] Abrange 384 municípios dos estados de Rio Grande do Sul

1 Disponível em: http://www.aneel.gov.br/area.cfm?id_area=111, Acesso em: 24 jan. 2010.

e Santa Catarina, possuindo ali uma população de 3,8 milhões de habitantes.

O último Censo Agropecuário revelou que 15% da população brasileira se encontra no campo; no entanto, na BRU a população rural na grande parte dos municípios gira em torno de 30% e a relação com o campo da chamada população urbana, principalmente nos municípios menores, é quase total.

A característica principal da BRU é a agricultura camponesa, baseada na produção familiar, com elevado número de camponeses integrados à agroindústria. Mesmo com o consistente êxodo rural ocorrido nas últimas décadas, observa-se que a agricultura é o eixo econômico estruturador da região.

Após o esgotamento do ciclo econômico madeireiro das décadas de 1950 e 1960, a agricultura tornou-se a principal atividade, principalmente de pequenos agricultores cooperativados e integrados à agroindústria.

Além da agricultura, nas últimas décadas a região vem se caracterizando como exportadora de força de trabalho. A juventude migra para outras regiões mais industrializadas, como Caxias ou São Paulo, e até mesmo para algumas cidades-polos, como Chapecó, Concórdia e Erexim.

A região é considerada estratégica na geração de eletricidade nacional, sendo que a bacia do rio Uruguai apresenta um grande potencial para geração de energia hídrica, cerca de 12.816 MW, significando 5,1% do potencial nacional. Desse total, 5.182 MW já são aproveitados, 6.482 MW estão inventariados e 1.152 MW, estimados (MME/EPE, 2008).

> No planejamento da oferta de energia elétrica nacional, o aproveitamento do potencial do rio Uruguai e seus afluentes é considerado estratégico pelo estado, tanto por sua localização, próxima de grandes centros consumidores, quanto por suas características geográficas. Para o completo aproveitamento

> do potencial hidrelétrico da Bacia,[2] nos anos [19]60 foram realizados estudos de inventário pelo Consórcio Canadense-Americano-Brasileiro (Canambra), que identificou a possibilidade de 30 barramentos do rio. Em 1978, a estatal Eletrosul deflagrou o Projeto Uruguai, identificando 23 pontos viáveis para a construção de usinas. Ao final desse processo, foi recomendada a construção de 10 no trecho brasileiro e outras três no trecho internacional (entre o Rio Grande do Sul e a Argentina). (Locateli, 2009, p. 6)

A partir dos anos 1980, várias hidrelétricas foram iniciadas, sendo algumas já construídas e outras em plena fase de construção. Até o momento, foram construídas sete grandes hidrelétricas, nesta ordem temporal: Usina Hidrelétrica (UHE) de Passo Fundo, UHE Itá, UHE Machadinho, UHE Barra Grande, UHE Campos Novos, UHE Monjolinho e UHE Foz do Chapecó (esta com previsão de fechamento para março de 2010). Vários outros projetos estão em processo acelerado para liberação e implementação; entre eles, destacam-se, nas prioridades do governo federal, a UHE Itapiranga, UHE Garabi, UHE Pai Querê, UHE Garibaldi e UHE São Roque, além de dezenas de pequenas centrais hidrelétricas (PCH), que estão em estudo e tendem a receber licenças de instalação.

Como se pode perceber, desde a década de 1960 a população dessa extensa região vem convivendo cotidianamente com a presença do setor energético. Poderíamos afirmar que esse território é uma região "atingida por barragens".

2 A bacia hidrográfica do rio Uruguai, integrante da bacia do Prata, se estende por territórios do Brasil, da Argentina e do Uruguai. O trecho em território nacional abrange aproximadamente 75,3 mil km², dos quais 46,3 mil km² estão no estado de Santa Catarina e 29 mil km², no estado do Rio Grande do Sul.

A geração de riqueza na bacia do rio Uruguai

O capitalismo é um sistema em que a produção é social, mas a acumulação é privada, porque se baseia na exploração da força de trabalho. Todavia, a acumulação que se concentra nas mãos dos capitalistas é fruto do trabalho não pago aos trabalhadores durante o processo de produção capitalista. A propriedade privada dos meios de produção e o assalariamento são o que possibilita tal condição. Isso ocorre porque o modo de produção é capitalista.

> Só nesta sociedade, historicamente, é que a capacidade de trabalho ou força de trabalho alcança a característica de ser mercadoria. A relação social que domina neste modo de produção é a relação entre o trabalho assalariado e o capital. Nesta, os meios de produção são propriedade privada dos membros da classe capitalista e os agentes da produção – os trabalhadores – que constituem a maioria da sociedade não possuem nenhum meio de produção a não ser a sua força de trabalho. Isto os obriga a vendê-la à classe capitalista. [...] Isto é, o processo de produção capitalista está fundado na relação social em que o trabalhador, sob a direção do capital, durante a sua jornada de trabalho, trabalha para si, criando o valor necessário, e para o capitalista, criando o mais-valor ou mais-valia. (Gonçalves, 2007, p. 131-132)

No caso das hidrelétricas, todas as máquinas, equipamentos e materiais utilizados para sua construção, desde o cimento até as turbinas, ou a produção da eletricidade com o início da operação da usina em todos os demais processos até a distribuição, tudo é produção social da classe trabalhadora e nada é obra da classe capitalista. O lucro que as empresas acumulam ao longo desses processos nada mais é que produto do trabalho não pago dos trabalhadores e que tem como destino a acumulação privada.

As hidrelétricas, no atual modo de produção, nada mais são que grandes fábricas de produzir eletricidade, que estão sob lógica da propriedade privada e do trabalho assalariado. Marx explicou, há mais de um século, que todo valor produzido se origina no processo de produção das mercadorias e que todos os processos de produção são resultado do trabalho dos trabalhadores. Se compararmos com a eletricidade ali produzida, também podemos afirmar que é produção social histórica da classe trabalhadora. A mercadoria final produzida em uma hidrelétrica é a eletricidade, medida em megawatts-hora (MWh).

Na bacia do rio Uruguai, sete hidrelétricas funcionam como fábricas de eletricidade, totalizando um potencial de geração de 5.357 MWh (2.601 MW médios) de energia elétrica, gerando enormes excedentes de riqueza (ou trabalho excedente não pago). Para isso, mais de 60 mil pessoas foram expropriadas de seus locais de moradia e de seu principal meio de produção, que é a terra, para dar lugar a sete grandes usinas.

A partir de uma análise detalhada em cada uma delas e suas respectivas estratégias de comercialização da energia, por meio de contratos com partes relacionadas, ou via autocontratação por meio de contratos de compra e venda de energia – Power Purchase Agreements (PPA) – ou via leilões, corrigidos pelo indexador existente nas cláusulas de cada contrato – IGPM ou IPCA – disponíveis na Câmara de Comercialização de Energia Elétrica (CCEE) e na Aneel, é possível constatar que essas hidrelétricas estão vendendo a energia elétrica a preços que variam entre R$ 130,00 a R$ 140,00 por MWh[3] (ano-base 2009), alguns con-

3 A UHE Ita possui contratos celebrados com Partes Relacionadas ao preço de R$ 68,75/MWh (de 1º de fevereiro de 2001), indexado pelo IGP-M, e possui energia vendida no leilão realizado em dezembro de 2005 ao preço de R$ 115,90/MWh (indexado pelo IPCA) e no leilão realizado em junho de 2006 ao preço de R$ 124,99/MWh (fornecimento de 2009 a 2028 – corrigido pelo IPCA). A UHE Barra Grande possui autocontratação por meio de contratos de compra e venda de energia (PPAs) entre Baesa e CPFL paulista, CPFL Piratininga e DMEE, realizado em 6 de outubro de 2003, o valor previsto nos contratos era de R$ 106,08/MWh (fornecimento até 2027 – indexado pelo IGP-M). Essa mesma estratégia tem sido usada na UHE Foz do Chapecó e provavelmente na UHE Campos Novos. Na UHE Foz do Chapecó, além dos

tratos até acima desses valores. Para fazer as reflexões seguintes, optou-se por usar um valor médio de venda da energia na BRU, admitindo-se que seu preço de comercialização é de R$ 140,00 por MWh (ano-base 2009).

Vamos comparar essas hidrelétricas como se fossem poços de petróleo. O que existe de energia sendo produzida na BRU equivale a 2.601 MW médios. Um barril de petróleo em equivalente energético corresponde a aproximadamente 1,612 MWh. Transformando, então, a eletricidade em barril de petróleo, ou seja, supondo as sete hidrelétricas da BRU como poços de petróleo, pode-se fazer duas[4] comparações importantes.

A primeira é que as sete hidrelétricas geram o equivalente a 1.600 barris por hora, ou 14 milhões de barris por ano, ou 424 milhões de barris de petróleo em 30 anos. Partindo do pressuposto de que a água é renovável, a BRU pode ser considerada como um grande poço de petróleo que nunca acaba.

A segunda: se em vez de água das hidrelétricas fosse petróleo, o preço que as empresas estariam recebendo pela energia elétrica que está sendo produzida nessa região é quase o dobro do preço internacional do petróleo. Admitindo-se que as empresas têm vendido a energia elétrica da região a R$ 140,00/MWh, é como se estivessem vendendo o petróleo a US$ 125,00/MWh. Em fevereiro

---

PPAs, a usina possui 259 MW médios vendidos no leilão de energia nova realizado em 16 de outubro de 2007, ao preço de R$ 131,49/MWh (início de suprimento em 1º de janeiro de 2011, com 30 anos de duração – indexado pelo IPCA). A UHE Machadinho, como as demais, é Produtor Independente (PI), que pode possuir PPAs ou energia vendida nos leilões. Essa usina vendeu energia no leilão de 2005 ao preço de 114,00 por MWh indexado pelo IPCA; a UHE Monjolinho possui toda energia comercializada no leilão de 2006, ao preço de R$ 122,63 ao MWh, corrigido pelo IPCA.

4 Em 26 de fevereiro de 2010: dólar = 1,80, petróleo = 76,71/barril. Equivalente em petróleo é de 2.601 MW/1,612 MW = 1.613,5 barris por hora × 24 horas = 38.724 por dia × 365 dias = 14.134.260 de barris/ano × 30 anos = 424.027.800 de barris. Equivalente em preço: 1,612 MW (× R$ 140,00 por MWh) = R$ 225,68 por barril/1,80 = US$ 125,38 por barril.

de 2010, o barril estava sendo vendido no mercado a US$ 77,00. Considerando todas as vantagens econômicas que a energia hídrica tem perante as demais fontes, é possível imaginar o quanto é vantajosa a região e qual o motivo da disputa entre as empresas privadas brasileiras e internacionais. Ou seja, a energia hidráulica de menor custo de produção é ao mesmo tempo comercializada a preços superiores ao petróleo.

Certamente, é um negócio muito lucrativo. Um "poço de petróleo" que tem toda a sua produção e comercialização assegurada durante 30 anos em cerca de US$ 125,00 por barril é muito mais seguro do que a maioria dos poços de petróleo do mundo, considerada a atual geopolítica da indústria de petróleo mundial, vendidos ao preço no mercado de US$ 77,00 por barril (ano base 2010).

A partir do valor médio de venda da energia de R$ 140,00/MWh, é analisado em cada usina o faturamento total por hora, por dia, por ano e em 30 anos (tempo de duração dos contratos de concessões), para se ter uma noção da riqueza produzida pelos(as) trabalhadores(as) na região.

Na Tabela 1, pode-se verificar que as sete hidrelétricas (5.357 MW de potência) geram por ano R$ 3,2 bilhões, o que significa que em 30 anos vão gerar aos seus "donos" nada menos que R$ 95 bilhões de receitas.

No entanto, a BRU possui um potencial total de 12.816 MW, isso significa que os demais 7.459 MW que ainda não foram explorados poderão gerar mais R$ 4,57 bilhões por ano ou R$ 137 bilhões em 30 anos,[5] somente com o negócio da geração.

Portanto, as empresas que controlam a energia na BRU na verdade buscam se apropriar de um recurso estratégico que pos-

---

[5] Os 7.459 MW não explorados podem significar em torno de 3.730 MW médios (na região tem sido em média 50% do potencial). Portanto, se considerarmos como base os preços da Tabela 2 (R$ 140,00 × 3.730 × 24 horas × 365 dias × 30 anos), teremos o valor de R$ 137 bilhões.

sui uma capacidade de gerar um valor em torno de R$ 7,5 bilhões de faturamento por ano ou R$ 230 bilhões nos próximos 30 anos.

Tabela 1

Hidrelétrica	Potência em MW (MW médios)	Faturamento com a venda da energia elétrica (em R$)			
		Por hora	Por dia	Por ano	Em 30 anos
Itá	1.450 (720)	100.800,00	2.419.200,00	883.008.000,00	26.490.240.000,00
Machadinho	1.140 (529)	74.060,00	1.777.440,00	648.765.600,00	19.462.968.000,00
Barra Grande	708 (380)	53.200,00	1.276.800,00	466.032.000,00	13.980.960.000,00
Campos Novos	880 (378)	52.920,00	1.270.080,00	463.579.200,00	13.907.376.000,00
Foz Chapecó	885 (432)	60.480,00	1.451.520,00	529.804.800,00	15.894.144.000,00
Passo Fundo	220 (119)	16.660,00	399.840,00	145.941.600,00	4.378.248.000,00
Monjolinho	74 (43)	6.020,00	144.480,00	52.735.200,00	1.582.056.000,00
Total	5.357 (2.601)	364.140,00	8.739.360,00	3.189.866.400,00	95.695.992.000,00

Fonte: Elaboração do autor.

Este tem sido o resultado, para o povo brasileiro, do processo de privatização do setor elétrico; a energia elétrica se transformou no principal negócio das empresas que dominam esse setor. Para isso, o setor elétrico foi privatizado e transformado em vários negócios – geração, transmissão, distribuição e comercialização. As tarifas foram aos céus, foram elevadas a preços internacionais, aos padrões de energia térmica (que não tem sido o caso brasileiro) e o Brasil atualmente tem uma das tarifas mais caras do mundo,[6] inclusive mais cara que a dos Estados Unidos e da maioria dos países da Europa.

---

6 O jornal *O Estado de S. Paulo* publicou matéria em 28 de fevereiro de 2010 comprovando estes dados.

> Uma outra medida tomada pelo governo brasileiro, antes de iniciar o processo de transferência das distribuidoras de eletricidade estatal para a iniciativa privada, aconteceu no ano de 1994, com o denominado '*realinhamento das tarifas de energia elétrica*'. A tarifa média brasileira residencial, [que] durante toda a década de 1980 tinha ficado em torno de US$ 52,00 por MWh, alcança nos 4 primeiros anos dos anos 1990 a média de US$ 74,00 por MWh e atinge, no realinhamento, em 1994, a cifra média durante o ano de US$ 134,00 por MWh. O realinhamento não poupou nem a indústria: a sua tarifa média nos anos 1980 estivera em torno de US$ 36,00 por MWh; de 1990 a 1993, a média gira em torno de US$ 48,00, [e] salta, em 1994, para US$83,00 por MWh. (Gonçalves, 2007, p. 305)

A tarifa média brasileira final continuou aumentando de forma acelerada. Segundo dados da Aneel, em 2009 o preço final aos consumidores cativos foi R$ 260,77/MWh,[7] o equivalente a US$ 145,00/MWh (dólar a R$ 1,80). No caso da tarifa média residencial, que era de US$ 74,00/MWh (R$ 133,00/MWh) antes da privatização, em 2009 já estava em US$ 162,5/MWh (R$ 292,35/MWh). Isso significa que esses brutais aumentos são fruto da privatização e internacionalização das tarifas, obrigando o povo brasileiro a pagar eletricidade a preços de energia termelétrica.

Tabela 2. Faturamento por unidade de negócio

	Por ano	Em 30 anos
Geradoras (venda da energia das hidrelétricas na BRU)	R$ 3,2 bilhões	R$ 95,7 bilhoes
Transmissoras e distribuidoras (RGE, AES, Celesc, CPFL...) de energia elétrica	R$ 2,75 bilhões	R$ 82,5 bilhões

Fonte: Elaboração do autor.

[7] Disponível em: http://rad.aneel.gov.br/reportserverSAD?%2fSAD_REPORTS%2fSAMP_TarifaMedCConsumoRegiao&rs:Command=Render. Observar que não estão computados tributos e encargos nestes valores.

Realizada essa explicação sobre as tarifas, retomemos nosso olhar sobre a geração de riqueza. Para uma análise mais detalhada do seu significado a partir das hidrelétricas, é necessário analisar a totalidade do modelo energético. Como explicado anteriormente, o setor foi dividido em vários negócios e, portanto, as hidrelétricas são apenas uma parte do negócio da eletricidade.

Logo, se voltarmos ao caso das hidrelétricas na BRU, somente aquelas já construídas têm gerado cerca de R$ 3,2 bilhões ao ano ou R$ 95 bilhões em 30 anos. Analisando mais detalhadamente (Tabela 2), vamos ver que o valor é muito maior que o mencionado. Da tarifa média total cobrada no Brasil de R$ 260,77/MWh, parte vai para o negócio da geração – para os donos das hidrelétricas, como explicado anteriormente –, que estão vendendo a energia a R$ 140,00/MW; os R$ 120,77/MWh restantes ficam com as empresas de distribuição e transmissão, que geralmente são os mesmos. Essa energia vai gerar outros dois grandes negócios: a distribuição e transmissão de energia elétrica. Ou seja, além dos R$ 3,2 bilhões por ano, as distribuidoras conseguem mais R$ 2,75 bilhões por ano.

Somente as sete hidrelétricas já construídas na região permitem um faturamento, em geração, distribuição e transmissão, de R$ 6 bilhões por ano ou R$ 180 bilhões em 30 anos de concessão (ano-base 2009).

Mais adiante veremos que essas sete hidrelétricas custaram algo em torno de R$ 8 bilhões para serem construídas. Antes do processo de privatização, a construção das obras era considerada o principal negócio do setor elétrico, tanto que as construtoras de barragens e as fornecedoras de máquinas e turbinas eram as principais interessadas. Quando a energia elétrica se transformou na principal mercadoria, um negócio de R$ 8 bilhões se transformou em aproximadamente R$ 180 bilhões. Para um capitalismo em crise, faminto por altas taxas de lucro, não fica difícil entender a importância estratégica que o setor elétrico brasileiro tem para os grandes grupos econômicos mundiais.

Portanto, o lucro que as hidrelétricas geram e poderão gerar em todos os anos de concessão se torna o único objetivo das empresas que constroem e se apropriam dessa fonte de geração de eletricidade.

Para uma análise mais pedagógica, vamos fazer uma comparação entre o faturamento anual das sete hidrelétricas e o total dos recursos transferidos pelo governo federal durante o mesmo ano a todos os municípios atingidos pelas sete barragens.

As sete hidrelétricas atingiram territórios e populações de 50 municípios,[8] sendo que a população total em 2007 (IBGE) nesses municípios era de 730.261 habitantes.[9]

Em 2009, a transferência total de recursos do governo federal aos 50 municípios atingidos por essas usinas foi de R$ 479

---

8 Dados tabulados pelo autor. Muitos dos 50 municípios foram atingidos por mais de uma hidrelétrica; no entanto, procurou-se evitar dupla contagem, e assim chegamos ao total de 50 municípios, com uma população de 730 mil habitantes. UHE Itá: são 11 municípios atingidos (Aratiba, Itá, Mariano Moro, Severiano de Almeida, Marcelino Ramos, Piratuba, Peritiba, Concórdia, Arabutã, Alto Bela Vista, Ipira); UHE Machadinho: 10 municípios (Maximiliano de Almeida, Piratuba, Capinzal, Zortéa, Campos Novos, Celso Ramos, Anita Garibaldi, Machadinho, Pinhal da Serra, Barracão); UHE Barra Grande: 9 municípios (Pinhal da Serra, Anita Garibaldi, Esmeralda, Vacaria, Bom Jesus, Capão Alto, Lages, Campo Belo do Sul, Cerro Negro); UHE Campos Novos: 4 municípios (Campos Novos, Abdom Batista, Anita Garibaldi, Celso Ramos); UHE Foz do Chapecó: 13 municípios (Águas de Chapecó, Caxambu do Sul, Guatambu, Paial, Itá, Chapecó, Alpestre, Rio dos Índios, Nonoai, Faxinalzinho, Erval Grande, Itatiba do Sul, Barra do Rio Azul); UHE Monjolinho: 4 municípios (Nonoai, Faxinalzinho, Benjamim Constante do Sul, Entre Rios do Sul); e UHE Passo Fundo: 10 municípios (Campinas do Sul, Benjamim Constante do Sul, Cruzaltense, Entre Rios do Sul, Jacutinga, Quatro Irmãos, Pontão, Trindade do Sul, Três Palmeiras, Ronda Alta).

9 Fonte: www.ibge.gov.br/home/estatistica/populacao/contagem2007/defaulttab.shtm.

milhões.[10] Se compararmos com o faturamento em 2009 (R$ 3,19 bilhões), verifica-se que as sete hidrelétricas geram um faturamento seis vezes maior que todo recurso vindo do governo federal aos 50 municípios juntos no mesmo ano; este equivale apenas a 15% daquilo que cinco empresas estão faturando com a venda da energia das sete barragens no mesmo período.

Gráfico 1. Faturamento anual das sete hidrelétricas em relação aos recursos provenientes do governo federal aos 50 municípios atingidos, 2009 (em milhões de reais)

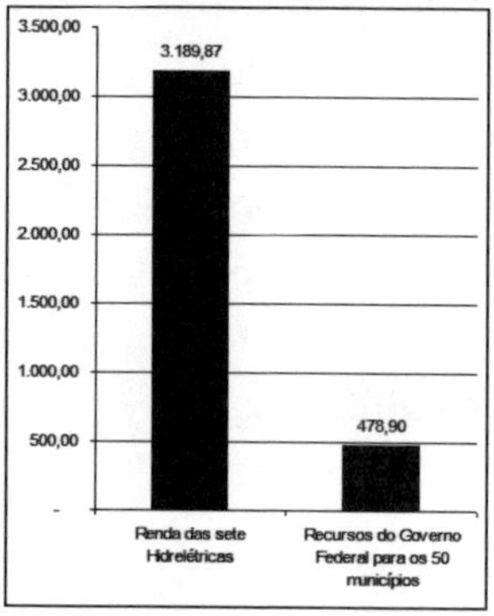

Fonte: Elaboração do autor.

Outra comparação que não deixa nenhuma dúvida é no caso da UHE Itá, que atingiu 11 municípios – Aratiba, Itá, Mariano Moro, Severiano de Almeida, Marcelino Ramos, Piratuba, Peritiba, Concórdia, Arabutã, Alto Bela Vista, Ipira – com 110 mil habitantes. A receita total vinda do governo federal para esses municípios, em 2009, foi de R$ 73 milhões, enquanto o fatura-

[10] Os valores correspondem ao total de recursos transferidos do governo federal aos municípios em 2009, por meio do Fundo de Participação dos Municípios (Constituição Federal, art. 159) e de uma série de outras transferências, como Bolsa Família, Compensação de Exportação, Fundeb, PNATE, PDDE, Transferências - LC n. 87/96 e 115/2003, Piso de Atenção Básico, entre outros. Informações coletadas em www.portaltransparencia.gov.br/PortalTransparenciaListaUFs.asp?Exercicio=2009.

mento da hidrelétrica, de propriedade da GDF Suez/Tractecbel, foi superior a R$ 850 milhões no mesmo ano.

É possível levantar o questionamento de que a arrecadação municipal tem outras fontes além dos recursos federais. No entanto, analisando os municípios de maneira geral, os demais valores têm sido inferiores aos valores repassados pelo governo federal, exceto aqueles municípios que comportam as turbinas das usinas.

A principal fonte de repasse pelos estados tem sido o valor correspondente ao ICMS e alguns outros de pouco significado. Para não ter dúvida, procuramos analisar, na Tabela 3, essa situação em cinco municípios que estão entre os 50 que comportam as sete hidrelétricas: Aratiba e Mariano Moro (atingidos pela UHE Itá), Maximiliano de Almeida e Barracão (UHE Machadinho) e Pinhal da Serra (UHE Barra Grande).

Tabela 3. Repasses estaduais e federais em cinco municípios em 2009

Município	Total de ICMS (em R$)	Repasses do governo federal
Aratiba	13.872.077,67	4.617.408,78
Mariano Moro	822.322,24	3.952.865,95
Maximiliano de Almeida	1.141.598,40	4.625.688,06
Barracão	1.938.843,17	4.619.714,83
Pinhal da Serra	7.303.239,31	4.079.813,89

Fonte: Elaboração do autor.

Pode-se concluir que para a grande parte dos municípios atingidos, exceto aqueles que possuem as turbinas, a maior fonte de recursos é proveniente do governo federal. Com exceção de Aratiba e Pinhal da Serra – municípios com arrecadação elevada devido à instalação de turbinas – e outros quatro casos semelhantes, os demais recebem cerca de 30% a mais de recursos estaduais em comparação aos federais. Destaca-se, porém, o caso de Barracão, que registra o maior incremento: aproximadamente 40%.

Se o valor total de recursos vindos aos 50 municípios em 2009 dos cofres federais é de R$ 480 milhões, e supondo, dos cofres estaduais, cerca de R$ 200 milhões, no limite, o valor total poderia chegar a R$ 680 milhões no ano de 2009, enquanto as sete hidrelétricas geraram R$ 3,2 bilhões no mesmo ano. Podemos perguntar: a serviço de quem estão essas hidrelétricas?

A compensação financeira (royalties)

Outro discurso propagado pelos defensores de tal política energética para justificar as usinas na região tem sido que "as hidrelétricas geram '*royalties*' aos municípios" e, portanto, desenvolvem as regiões. Sobre essas compensações financeiras que os estados e municípios recebem, é importante analisar o que é a "compensação financeira", para saber quanto de fato isso gera de retorno.

> A Compensação Financeira pela Utilização de Recursos Hídricos (CFURH) é o pagamento pela exploração dos recursos hídricos na geração de energia elétrica. É um ressarcimento pela inundação de áreas por usinas hidrelétricas (UHE) e um pagamento pelo uso da água na geração de energia.[11] [...]
> São pagos mensalmente 6,75%[12] sobre o valor total da energia produzida multiplicados pela Tarifa Atualizada de Referência. A TAR é o valor médio da energia aplicado ao cálculo da Compensação Financeira. É fixado pela Aneel anualmente [...]. Para 2009, a TAR é de R$ 62,33 por MWh. (Aneel, 2009)

Fica difícil entender por que as empresas vendem sua energia a R$ 140,00/MWh e, quando pagam a compensação, o fazem

[11] Segundo a Aneel (2007), a compensação financeira é paga por todas as usinas hidrelétricas que possuem potência instalada superior a 30 megawatts (MW).

[12] Dos 6,75%, 6% são destinados aos estados (45%), aos municípios (45%), ao MMA (3%), ao MME (3%) e ao FNDCT (4%). Os 0,75% restantes são encaminhados ao MMA, na política de recursos hídricos. PCHs não pagam *royalties*.

como se estivessem vendendo a R$ 62,33/MWh, ou seja, por menos da metade do valor real. Parece evidente que isso é uma espécie de desvio da lei com o interesse de aumentar seus lucros e, neste caso, com o papel que a Aneel cumpre, colocando-se para atender o interesse das próprias empresas.

Mas o que mais nos interessa neste tema é saber exatamente o valor total que esses municípios recebem por ano para podermos comparar com os faturamentos que essas obras têm gerado. Realizando um levantamento em cada uma das sete hidrelétricas, é possível perceber que os valores são insignificantes quando comparados com os faturamentos gerais das obras.

A Tabela 4 mostra que, em 2009, o total de recursos provenientes de compensação financeira chegou a R$ 99 milhões, sendo que, desse total, R$ 39 milhões são repassados aos 50 municípios atingidos por essas sete hidrelétricas. Enquanto isso, o total do faturamento no mesmo ano foi de R$ 3,2 bilhões, ou seja, 32 vezes mais que toda a compensação.

Tabela 4. Compensação financeira total em 2009 nas sete hidrelétricas (em R$)

Hidrelétricas	Total geral (à União, aos estados e municípios)	Parcela aos municípios
Barra Grande	13.083.677,76	5.233.471,11
Campos Novos	15.555.066,87	6.222.026,75
Itá	28.656.705,56	11.462.682,22
Machadinho	20.835.515,40	8.334.206,16
Monjolinho*	1.684.796,34	633.918,53
Passo Fundo	3.379.256,12	1.351.702,45
Foz do Chapecó*	15.921.674,92	6.368.669,96
Total	**99.016.692,97**	**39.606.677,18**

Fonte: Aneel, 2010. * Valores estimados.

O total de recursos, em 2009, aos 50 municípios onde estão localizadas as sete hidrelétricas, provenientes do governo federal (R$ 480 milhões), dos estados (aproximadamente R$ 200 milhões), mais as compensações financeiras (R$ 39 milhões), chega a valores próximos a R$ 720 milhões. Dessa forma, sem questionar onde os valores são aplicados nos respectivos municípios, esse é o montante aplicado na região que movimenta a economia nesses municípios, com população total de 730 mil habitantes. No mesmo local, quatro transnacionais - Alcoa (Estados Unidos), GDF Suez/Tractebel (França), Votorantim e Camargo Correa (Brasil) – garantem para elas um faturamento anual de R$ 3,2 bilhões com as usinas.

O imperialismo na bacia do rio Uruguai

Passamos a analisar quem são os setores que estão se apropriando da riqueza gerada a partir das hidrelétricas nesse território, isto é, quem são as empresas que se apropriam da energia na bacia do rio Uruguai. Na Tabela 5, mostram-se todos os acionistas de cada uma das sete usinas. Em uma análise mais detalhada da situação dos 2.601 MW médios, conclui-se que quatro empresas (Suez, Alcoa, Votorantim e Camargo Correa) controlam 72% (1.875 MW médios) da energia gerada; 19,25% (498 MW médios) está nas mãos de outros grupos privados, entre eles a Vale; e somente 8,75% (228 MW médios) fica sob controle das estatais. Ou seja, 91,25% da energia nessa região é propriedade privada.

Os atuais "proprietários" das hidrelétricas nessa região têm sido uma aliança de classe internacional. São grandes empresas mundiais de energia, aliadas a grandes bancos mundiais, com grandes empresas mineradoras e metalúrgicas mundiais e com grandes construtoras. Esse bloco de capitalistas internacionais e alguns brasileiros formam essa aliança de classe que satisfaz aos interesses do capital financeiro e do capital industrial, os quais estruturam toda a indústria de eletricidade em função de seus interesses.

Tabela 5. Atuais acionistas das hidrelétricas na BRU

Hidrelétricas (MW méd.)	Acionistas	%
Itá (720)	GDF Suez/Tractebel	69,0
	CSN	29,5
	Cimentos Itambé	1,5
Machadinho (529)	Votorantim (e CBA)	33,14
	Alcoa	25,75
	Vale	8,20
	Camargo Correa	5,27
	Estatais (CEEE/DME)	8,10
	GDF Suez/Tractebel	19,25
Barra Grande (380)	Alcoa Alumínio S.A.	42,17
	CPFL Energia*	25,0
	CBA (Votorantim)	15,0
	Estatais (DME)	8,83
Campos Novos (378)	CPFL Energia	49,72
	CBA/Votorantim	44,76
	CEEE	6,51
Foz Chapecó (432)	CPFL Energia	51,0
	Chapecoense Geração**	40,0
	CEEE	9,0
Passo Fundo (119)	GDF Suez/Tractebel	100,0
Monjolinho (43)	Engevix Engenharia	100,0

* A CPFL possui como principal acionista a Camargo Correa.

** Quanto à Chapecoense, 50,1% são da Pentágono Trust e 49,9%, de Furnas.

Fontes: Elaboração do autor a partir de informações de Baesa, Maesa, Tractebel, Monel, Enercan, Foz e Aneel.

Segundo Lenin (1966, p. 21), o imperialismo consolida-se pela "fusão da indústria com os bancos", com hegemonia do capital financeiro sobre o capital em geral e a criação dos "(super)monopólios". Os monopólios "passam a ter um poder extraordinário, reunindo diversos ramos da indústria em uma só empresa, dominam as riquezas, a mão de obra, os demais capitalistas menores e passam a determinar tudo". O capital, a produção e todos os bens naturais estratégicos passam a ser "partilhados" entre as grandes potências econômicas mundiais, por meio de seus "cartéis, trustes e associações monopolistas internacionais". O imperialismo tem como característica o "parasitismo e a especulação".

Assim tem sido com as hidrelétricas nessa região. A geração (as hidrelétricas), a transmissão, a distribuição (as distribuidoras) e o consumo da energia elétrica brasileira, principalmente os consumidores livres – indústria eletrointensiva exportadora –, estão totalmente monopolizados em mãos e a serviço destes mesmos grupos econômicos, que concentram enorme poder e, portanto, organizam a energia em função de seus interesses.

Atuam como se fossem cartéis que acordam sobre as condições de venda, as trocas etc. Repartem os mercados entre si. Determinam a quantidade de produtos a fabricar. Fixam os preços. Repartem os lucros entre as diversas empresas etc. (Lenin, 1972). Com isso, todo lucro gerado a partir dessas hidrelétricas acaba sendo apropriado pelos capitalistas internacionais, e também por alguns brasileiros.

No caso da BRU, a Alcoa, estadunidense, é uma das maiores empresas mundiais de alumínio. A Votorantim é um dos maiores grupos econômicos brasileiros, com um faturamento anual que passa de R$ 30 bilhões; ela atua na área financeira pelo BV, na mineração, na celulose, na energia, na agroindústria, na química, na metalurgia e cimentos. A Camargo Correa, também brasileira e uma das maiores empresas da construção civil, atua também na energia, mineração, cimentos, calçados etc. Já a GDF Suez é a maior empresa privada de geração de energia no Brasil, possui 941 trabalhadores e aproximadamente 7.000 MW de potência instalada, sendo uma das maiores no mundo. Em 2009, o faturamento da Tractebel (filial da GDF Suez) foi de R$ 3,496 bilhões, sendo que seu lucro foi de R$ 1,134 bilhão. Mas para onde vai esse lucro? De 2004 até

2008, conforme seus relatórios financeiros, ele foi repassado integralmente aos seus acionistas.

Figura 1. Organograma estrutural do Grupo GDF Suez

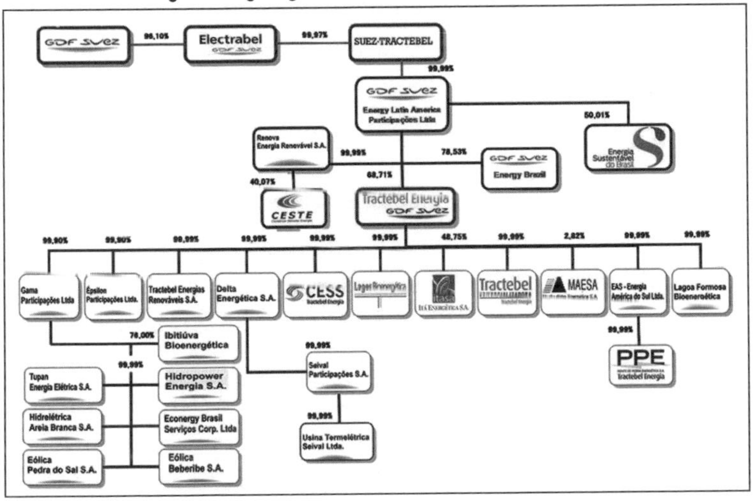

Fonte: Programa de Distribuição de Debêntures Simples da Tractebel Energia, 2009.

Analisando o organograma da própria companhia (Figura 1) vemos que seu controle acaba na França. A GDF Suez é uma empresa francesa originada a partir de uma fusão, em 2007, da estatal francesa Gaz de France com a empresa privada Suez. Atualmente possui como acionistas a República da França, com 35,65%, e o restante é controle privado de empresários franceses e belgas; são estes que, no processo final, se apropriam da riqueza gerada com a energia das hidrelétricas na bacia do rio Uruguai. Essa lógica pode ser usada para o caso da Alcoa, sediada nos Estados Unidos, ou para a Camargo Correa e a Votorantim, que possuem como país-sede o Brasil. Ou seja, quando falamos que a produção de energia está a serviço do imperialismo, significa ser regido por esta lógica, portanto, contra os interesses dos trabalhadores e das trabalhadoras.

Os atingidos

O resultado concreto da construção dessas usinas dentro da lógica do atual modelo não é somente aquilo que apresentamos anteriormente. A construção de usinas hidrelétricas gera um contingente significativo de famílias expulsas de suas terras. O plano inicial do governo na região previa a construção de 23 grandes hidrelétricas e o deslocamento de 200 mil pessoas. As sete usinas expulsaram até o momento 12.800[13] famílias, aproximadamente 60 mil pessoas. Além disso, na região ribeirinha desses lagos permanecem ainda sem solução mais de 300 comunidades atingidas, desestruturadas, onde vivem mais de 10 mil famílias, o equivalente a 40 mil pessoas. Ou seja, foram mais de 100 mil pessoas atingidas.

Em relação às 12.800 famílias, para garantir seus direitos, os atingidos necessitaram impor um longo processo de luta e nada veio de forma dada, tudo foi conquistado a partir da luta de classes e da correlação de força que se estabeleceu nesse processo. Nenhum direito era reconhecido inicialmente pelas empresas. Porém, após a privatização, com a entrada das empresas privadas, está em curso um retrocesso em todas as conquistas dos atingidos. Em Itá foi conquistado reassentamento para 444 famílias; em Machadinho, ainda a partir do acordo com a estatal Eletrosul, 450 famílias. Porém, em Foz do Chapecó, em fase de conclusão, de 3.500 famílias atingidas, apenas 38 foram reassentadas; essa usina funciona sob plena lógica privada.

A Tabela 6 apresenta os resultados e formas de indenizações. O reassentamento, que é a maior conquista dos atingidos, está em processo de diminuição. Para as empresas, significa dimi-

13 Itá: 4.500 famílias; Foz do Chapecó: 3.500 famílias; Machadinho: 2.200 famílias; Barra Grande: 1.516 famílias; Campos Novos: 759 famílias; e Monjolinho: 400 famílias.

nuir os gastos com as indenizações, pois as demais formas têm tido menor custo para as empresas; porém, isso é pior para os atingidos.

Tabela 6. Formas e resultados das indenizações na BRU

	Itá	Machadinho	Barra Grande	Campos Novos	Total	%
Indenização	3.260	873	959	449	5.510	59,5
Carta de crédito	458	796	249	167	1.670	18
Reassentamento	444	450	193	81	1.168	13
Remanescente	72	31	5	62	170	1,8
Outros	544	60	114	-	718	7,7
Total	4.778	2.210	1520	759	9.269	100

Fonte: MAB, Baesa, Enercan, Maesa e Tractebel.

Outro tema importante é a questão da área alagada, que no limite significa a expropriação do principal meio de produção dos camponeses, a terra. As sete usinas alagaram 585,36 km² de terras, o equivalente a 58.436 hectares. Sem entrar no mérito de serem necessárias ou não, as Áreas de Preservação Permanentes (APP), conhecidas como "faixas dos 100 metros", somam no mínimo mais 24.460 hectares.[14]

Ao todo, até o momento, são 82.896 hectares de terras apropriados pelas empresas donas das hidrelétricas. Estes, antes, estavam sob controle dos camponeses e nessas terras havia produção de alimentos que sustentava, no mínimo, 60 mil pessoas.

É fato que os camponeses atingidos por barragens têm sido expropriados da forma mais violenta possível, muitos casos idênticos às formas de acumulação primitiva, usados na origem

14 Itá: 141 km² de lago e 2.150 hectares de faixa dos 30 metros de APP; Machadinho: 79 km² e 5 mil hectares de APP da faixa dos 100 metros; Barra Grande: 94 km² de lago e 6.160 hectares de faixa de Preservação; Campos Novos: 32,9 km² de lago e 2.150 hectares de faixa; Monjolinho: 5,46 km²; Passo Fundo: 153 km²; e Foz do Chapecó: 80 km² (porém a empresa menciona aquisição total de 17 mil hectares).

de acumulação do capital. Quantas famílias não tiveram suas casas queimadas para obrigá-las a abandonar seu lote? Em todas as usinas, no processo inicial de construção, tal prática tem sido comum, inclusive na UHE Foz do Chapecó. Ou quantas sofreram processos de despejos judiciais? Quantas famílias receberam ameaças, pressão psicológica, repressão ou até prisões porque usaram a resistência como forma de conseguir seu direito? O processo de expropriação dos camponeses de forma violenta tem sido amplamente utilizado pelos donos do capital e, com a privatização e a entrada das empresas transnacionais, esse processo tem se intensificado.

O leilão de usinas é o principal exemplo dessa expropriação violenta. Assim que o leilão se concretiza e uma empresa sai vencedora, a propriedade da terra muda em questão de minutos. Por exemplo, o leilão da hidrelétrica de Santo Antônio do Rio Madeira (RO) durou sete minutos; a partir daí a Odebrecht se apropriou daquele território. Aos atingidos resta, no limite, a negociação de seu direito. Naquela ocasião, houve resistência dos camponeses, mas também houve repressão e várias prisões. O então diretor da Aneel, que presidiu o leilão da hidrelétrica no rio Madeira, classificou essa resistência da seguinte forma: "Não é razoável que um pequeno grupo pretenda obstar a decisão tomada democraticamente", por isso a atuação da polícia foi "firme e serena", afirmou Jerson Kelman (*O Globo*, 10 dez. 2008).

Uma análise mais detalhada sobre as consequências ambientais das hidrelétricas também se faz necessária. É o caso da UHE Barra Grande, em que os estudos ambientais foram fraudados, causando a destruição de 6 mil hectares de Mata Atlântica nativa – em sua maioria, araucárias centenárias. Espécies de animais e vegetais destruídas, emissão de gases de efeito estufa pelos lagos, tudo isso merece maior aprofundamento, que não cabe no presente artigo.

De toda forma, essa é a realidade concreta, em que o território passa a ser controlado por empresas transnacionais: as terras, a água e a energia se tornaram propriedade privada da classe capitalista.

Considerações finais

A primeira questão importante é fazer uma leitura correta da realidade concreta. A análise correta e crítica é parte da construção do novo projeto energético popular que possa servir de fato à classe trabalhadora. Se não concordamos com o atual modelo, também não necessitamos ter todas as respostas. Fazer uma análise correta da realidade é parte da luta para encontrar saídas aos trabalhadores e trabalhadoras. Todos os dados levantados para a análise sobre a materialização do modelo energético brasileiro na bacia do rio Uruguai realizada neste artigo foram tabulados a partir da realidade concreta e, portanto, mesmo os defensores do atual modelo terão dificuldade de negar qualquer uma das informações contidas no presente trabalho.

Mas qual é de fato o resultado ou o saldo das sete hidrelétricas já construídas na bacia do rio Uruguai? Analisando todos os dados apresentados ao longo deste artigo, foram selecionadas sete ideias:

1. apropriação privada de sete fábricas de eletricidade com capacidade instalada de 5.357 MWh, que passaram a ser controladas por quatro empresas transnacionais – Alcoa, GDF Suez, Camargo Correa e Votorantim;
2. apropriação privada de R$ 6 bilhões por ano – sendo no mínimo R$ 3,2 bilhões com a venda da eletricidade gerada nas sete hidrelétricas, mais R$ 2,75 bilhões com os faturamentos no negócio da transmissão e distribuição – às custas de uma brutal exploração do povo brasileiro a partir das tarifas de energia elétrica;

3. apropriação privada do dinheiro público, em que o BNDES é a principal correia de repasse aos interesses transnacionais;
4. apropriação privada imperialista de 83 mil hectares de terras que antes pertenciam aos camponeses atingidos por essas hidrelétricas;
5. expropriação de 60 mil camponeses que hoje vivem fora desse território e mais 40 mil que continuam vivendo em comunidades ribeirinhas, em sua maioria, desestruturadas;
6. apropriação privada de um rio – rio Uruguai –, ou seja, apropriação da água;
7. destruição da natureza, especialmente florestas de araucárias, como foi o caso dos 6 mil hectares em Barra Grande.

Tudo isso significa perda de soberania energética, pois nem o planejamento, nem a produção, nem a distribuição e muito menos o controle dessa energia se encontra com o Estado ou com os trabalhadores, e muito menos está a serviço destes. Ao contrário, a energia gerada nas usinas é controlada e está a serviço dos interesses de grupos imperialistas, praticando preços internacionais, mais caros e abusivos.

Mas muitos podem se perguntar: não existe o lado bom em construir as hidrelétricas na região? Coloquemo-nos a fazer este esforço.

A eletricidade é produzida com baixo custo e é renovável, essa é sua condição vantajosa principal. No entanto, ela não é revertida em distribuição da riqueza. Porém, a energia é uma produção social e nada tem de contribuição da classe que domina as usinas. Façamos uma experiência de tirar a contribuição dos camponeses que cederam suas terras ou dos operários que construíram e operam as usinas para ver se há geração de eletricidade sem trabalhadores. Inclusive é perfeitamente possível gerar eletricidade sem que ela seja controlada por empresas privadas.

A classe capitalista diz que as obras geram empregos. É verdade, mas não o tanto que prometem. A soma ultrapassa 15 mil empregos prometidos[15] na BRU. Mas o que existe em média são 2 mil empregos temporários e, assim que acaba a construção, esses trabalhadores ficam desempregados ou são remanejados a outros lugares, porque as obras são construídas uma após a outra. No momento que este artigo estava sendo escrito, só havia 2 mil trabalhadores da construção da UHE Foz do Chapecó. Nas usinas já construídas, o que fica de emprego permanente não passa de 15 operários por usina.

As indenizações também têm sido propagandeadas como "boas ações das empresas". Esse tema merece uma análise mais detalhada. O que os atingidos possuem é resultado do trabalho histórico deles e o que recebem de indenização é apenas a tentativa de repor aquilo que já é dos atingidos, é seu direito e, portanto, nada tem de contribuição das empresas. A própria "carta de crédito", prioridade das empresas, na verdade, é uma política do Banco Mundial para acelerar o êxodo rural, pois no final sempre um camponês ficará sem terra. É como se tivesse uma calça para vestir duas pessoas: uma delas sempre vai ficar nua.

O reassentamento das famílias, que tem sido a melhor forma de indenização, de fato força a desapropriação de latifúndios. Mas não há interesse das empresas donas das usinas nesse formato de compensação. O reassentamento é resultado da luta de classes e, portanto, se existem famílias reassentadas

15 Nas seis hidrelétricas as empresas divulgaram que: Itá geraria 2.500 empregos; Foz do Chapecó, 3.500; Machadinho, 2.600; Campos Novos, 2.500; Barra Grande, 2.500; e Monjolinho, 700.

nessa região, isso é fruto da luta dos atingidos ao longo destes anos. Inclusive as indenizações são resultado deste processo de luta. O Movimento dos Atingidos por Barragens (MAB) foi extremamente vitorioso, pois com sua luta conseguiu reassentar mais de 2 mil famílias atingidas por essas usinas; isso significa que obrigou as empresas a adquirirem mais de 40 mil hectares de terras. Ou seja, enquanto as empresas se apropriaram de 83 mil hectares de terras dos camponeses atingidos pelas barragens nessa região, o MAB conquistou 40 mil hectares que estavam nas mãos dos empresários da agricultura. Mas muitos podem dizer de forma ingênua que foi a empresa que fez isso, pois ela pagou os reassentamentos. Não é verdade, pois nas usinas de Monjolinho e Foz do Chapecó, se houvesse interesse das empresas em reassentar as famílias, isso poderia ter sido feito a muitas delas. Dessa maneira, nem o reassentamento, nem as demais formas de indenização partem das empresas donas das usinas. Por elas, apenas expulsariam as famílias.

Continuemos. Seriam seus programas sociais e ambientais uma boa ação? Na usina Foz do Chapecó são mais de 25 programas que não passam de instrumentos de propaganda ideológica, pois os valores são insignificantes. Além disso, não é política, porque são ações focalizadas e temporárias, ressarcidas integralmente pelas tarifas finais. Quando se encerra a construção da usina, os programas também acabam; por isso que, nas obras já concluídas, também não existem mais programas relevantes. Muitos deles têm sido verdadeiras farsas. Todas as empresas possuem um programa de preservação ambiental. No caso de Barra Grande, a Baesa – isto é, Alcoa, Votorantim e Camargo Correa –, antes de inundar os 6 mil hectares de araucárias, coletou sementes destas e montou um banco de germoplasma que se encontra em resfriadores, como ação de preservação ambiental. Esses têm sido seus programas.

Porém, o licenciamento foi fraudado para omitir a presença das araucárias, fato descoberto posteriormente. Que boa contribuição essas empresas deram?

Existe também propaganda dos *royalties*. Mas anteriormente foi demonstrado que é insignificante perante o que as empresas têm acumulado.

Para nos convencermos da importância do controle privado sobre as hidrelétricas, há a ideia de que as empresas "vêm investir na região". Também não é real. Cerca de 75% das obras são construídas com o dinheiro público do BNDES. Porém, todos os valores investidos são integralmente ressarcidos pelas contas de luz da população. As empresas se instalam na região não para investir, mas para se apropriar do trabalho dos trabalhadores e trabalhadoras, ou seja, para explorar.

O fato é que os trabalhadores e trabalhadoras, em especial os atingidos por barragens, precisam ter consciência de que a luta em torno da energia nessa região não é simplesmente para garantir os seus direitos ou para resistir contra uma ou outra hidrelétrica; qualquer que seja a luta, vai muito além. O que se coloca em disputa na luta de classe nessa região é a apropriação, privada ou não, de um extraordinário volume de riqueza gerada por ano, e por tudo aquilo que poderá gerar nos futuros negócios com a eletricidade. Queira ou não, a luta terá de passar pelo enfrentamento direto ao imperialismo. Este é o risco que o imperialismo visualiza em qualquer manifestação popular que questiona a atual lógica do modelo energético. E tem sido este também o motivo pelo qual as empresas transnacionais e os seus governos têm atuado cada vez com mais violência contra trabalhadores e trabalhadoras organizados.

Em suma, essa é a realidade. Mais do que compreendê-la, é necessário ação coletiva e consciente para transformá-la, mesmo que exija, de muitos, grandes sacrifícios.

Referências

ANEEL. *A compensação financeira e o seu município*. Brasília, 2007.

APROSUL. *Empresas multinacionais no setor de energia elétrica brasileiro:* Duke, Tractebel, EDF e AES. Florianópolis, 2005.

BOAMAR, Paulo Fernando de Azambuja. *A história e as estratégias empresariais dos empreendimentos hidrelétricos na bacia do rio Uruguai*. Florianópolis: Insular, 2002.

GONÇALVES Jr., Dorival. *Reformas na indústria elétrica brasileira:* a disputa pelas "fontes" e o controle dos excedentes. São Paulo: USP/PIPGE, 2007.

GONÇALVES Jr., Dorival. *Análise histórica do setor elétrico brasileiro:* caminho para compreensão do presente. São Paulo: USP/PIPGE, 2004.

LENIN, V. I. *Imperialismo:* estágio superior do capitalismo. 2ª edição. Coimbra: Centelha, [1916] 1974.

LENIN, V. I. *O estado e a revolução*. São Paulo: Expressão Popular, [1917] 2007.

LOCATELI, Carlos. *A comunicação do Estado, do mercado e da sociedade civil em torno da usina hidrelétrica Foz do Chapecó*. Programa de Pós-Graduação em Comunicação e Informação – PPGCOM/UFRGS, 2009.

MARX, Karl. *O capital:* crítica da economia política. Livro I, volume I. 23ª edição. Rio de Janeiro: Civilização Brasileira, 2006.

MARX, Karl. *O capital:* crítica da economia política. Livro I, Volume II. 2ª edição. São Paulo: Nova Cultura, 1985.

MME/EPE. *Plano Nacional de Energia 2030*. Brasília, MME, 2007.

REDE BRASIL. *O BNDES visto pela sociedade civil*. Brasília, 2006.

SANTOS, Sílvio Coelho dos; REIS, Maria José (org.). *Memória do setor elétrico na região Sul*. Florianópolis: Edufsc, 2002.

Sites

Alcoa (2009) – www.alcoa.com
Aneel (2010) – www.aneel.gov.br
Baesa (2010) – www.baesa.com.br
BNDES (2010) – www.bndes.gov.br
CCEE (2010) – www.ccee.org.br
Consórcio Machadinho (2010) – www.machadinho.com.br
Enercan (2010) – www.enercan.com.br
EPE (2010) – www.epe.gov.br
Foz do Chapecó (2010) – www.fozdochapeco.com.br
Governo Federal (2009) – www.portaltransparencia.gov.br
IBGE (2010) – www.ibge.gov.br
MAB (2009) – www.mabnacional.org.br
Maesa (2010) – www.maesa.com.br
MME (2009) – www.mme.gov.br
ONS (2010) – www.ons.org.br
Tractebel (2010) – www.tractebelenergia.com.br
Votorantim (2010) – www.votorantim.com.br

ALTERNATIVAS ENERGÉTICAS PARA EL SALVADOR

LETY MÉNDEZ

Analizar el problema energético nacional, regional o global en la búsqueda de formas de solución social, económica y ambientalmente viables para el beneficio justo y equitativo de las presentes y futuras generaciones lleva consigo el cuestionamiento de los patrones establecidos por el sistema socioeconómico imperante en el mundo desde la generación hasta el consumo.

Dicho cuestionamiento lleva como punto de partida a las preguntas obligadas: ¿Energía para qué? ¿Energía para quién?, Desarrollo para qué? ¡Desarrollo para quién? *¿Es ese desarrollo que pregona el sistema capitalista y modelo neoliberal el que necesitan los pueblos para vivir dignamente con justicia e igualdad?, ¿Es eso lo que puede garantizar la sustentabilidad del planeta Tierra y la vida de las nuevas generaciones?*

Para las organizaciones y movimientos sociales y políticos de izquierda revolucionaria, como el Frente Farabundo Martí para la Liberación Nacional (FMLN), que surge de los anhelos de justicia e igualdad del pueblo salvadoreno y que sigue luchando 18 años después de haber conquistado los Acuerdos de Paz junto a su pueblo, y que hoy que ha logrado arrancar de las garras de la dictadura neoliberal el poder ejecutivo, como el inicio de las transformaciones sociales, económicas y ambientales; estas preguntas cobran vital importancia y son una motivación para reafirmar sus ideales, su utopía, el rumbo hacia el socialismo como alternativa de sociedad que haga realidad esos anhelos y aspiraciones de justicia e igualdad, respeto y solidaridad, soberanía e integración, armonía y paz, forjadas con sangre por decenas de miles de compatriotas y que son compartidas por cientos de miles de hermanos y hermanas en América Latina y el mundo.

Siendo la energía eléctrica uno de los recursos más desigualmente distribuidos, más incidentes en la generación de gases de efecto invernadero y siendo un recurso fundamental para el cumplimiento del goce de otros derechos humanos, y en aras de contribuir modestamente a encontrar una salida ambiental, económica y social a la crisis sistémica que azota fuertemente a El Salvador, este estudio reafirma algunos lineamientos básicos para una matriz energética alternativa viable enfocadas a la energía eléctrica que responda al desarrollo de las y los salvadoreños y sea un aporte en la reducción del calentamiento global del planeta.

Crisis energética, causas y consecuencias

La energía es un elemento fundamental en el desarrollo de la vida de todo ser viviente y para el funcionamiento de los ecosistemas en el planeta Tierra. Todo lo que hace un ecosistema es un intercambio de energía y materiales a través de interrelaciones complejas entre todos sus componentes, tanto bióticos como físicos, manteniendo así el equilibrio y sustentabilidad de la vida.

La energía primaria proviene del sol; las plantas y otros seres vivientes convierten parte de esta energía en energía química a través de la fotosíntesis, facilitando la absorción de la misma para su propio desarrollo y el de la mayoría de los seres vivos. Sin ello, el ser humano, no podría actuar, ni pensar y mucho menos sobrevivir.

Existen otras fuentes de energía que surgen de estas relaciones de intercambio de energía y materiales de los ecosistemas, como la proveniente de materiales fósiles (petróleo, carbón mineral, gas natural), calor interior de la tierra (geotermia), y otras que los seres humanos, a través de diversas tecnologías inventadas, han convertido en formas de energía disponible, entre ellas la energía eléctrica y los combustibles o hidrocarburos para el funcionamiento de maquinarias, automotores utilizados en la industria, comercio, servicios y consumo doméstico.

De acuerdo a Dávila (2008), en el actual modelo energético en crisis, el petróleo representa en valor y en volumen el 36% del balance total de energía, el carbón mineral representa el 29% y el gas natural el 24%. En los últimos 40 años, el consumo de petróleo pasó de 36 a 85 millones de barriles diarios.[1]

La distribución y el acceso a la energía disponible para el ser humano han sido desiguales e inequitativas entre los distintos sectores sociales y entre las distintas sociedades, generando una masa de millones de pobres que carecen de la mayoría de sus derechos y una élite de ricos que absorben casi toda la energía disponible a partir del derroche. Según Dávila,[2] sólo Estados Unidos importa 13,600,000 barriles diarios de petróleo, equivalente a las dos terceras partes de su consumo; cada uno de sus

1 Dávila, C. L. Vicepresidente del Consejo de Estado de la República de Cuba. Discurso pronunciado en la V Cumbre de Petrocaribe. Maracaibo, Venezuela, 13 julio 2008.

2 Dávila, C. L. Vicepresidente del Consejo de Estado de la República de Cuba. Discurso pronunciado en la V Cumbre de Petrocaribe. Maracaibo, Venezuela, 13 julio 2008.

habitantes consume al año tres toneladas de petróleo, mientras la Unión Europea consume 1.4; China 0.3 y América Latina 0.6 toneladas de petróleo por habitante por año.

Los países industrializados promotores de este desarrollo y esta civilización, poseen el 21-25% de la población mundial, pero consumen el 70% de las fuentes convencionales de energía y el 75% de toda la electricidad. Estados Unidos, cuya población representa el 6% de la población mundial, consume el 30% del petróleo mundial y el 35% de la electricidad mundial, pero sólo producen el 10% de la que consumen.[3] De seguir así se necesitarían al menos cuatro planetas como la Tierra para atender la demanda mundial y no se lograría la sustentabilidad.

De acuerdo a la Cepal,[4] las brechas existentes de consumo de energía entre América Latina y el Caribe (ALC) y los países desarrollados llevan una tendencia a mantenerse tanto el porcentaje total de consumo como en el consumo final per cápita en el escenario de referencia 2010-2030, como puede apreciarse en el cuadro siguiente:

Cuadro 1. Brechas existentes de consumo de energía entre América Latina y el Caribe (ALC) y los países desarrollados y su tendencia en el tiempo al 2030

	Año	Población	Consumo energía	Consumo per capita
America Latina y el Caribe	2006	8.65%	5.8 %	0.73 toe/hab.*
	2030	8.30%	5.6 %	0.93 toe/hab.
OCDE (30 países)	2006	15.16%	47.3 %	3.90 toe/hab.
	2030	12.19%	37.4 %	4.20 toe/hab.

Fuente: Elaboración propia en base a datos de la Cepal (2009)
* toe/hab: Toneladas de petróleo o equivalente por habitante.

3 Movimento dos Atingidos por Barragens. *Hidrelétricas no Rio Madeira: Energia para quê? E para quem?* 2ª ed. Brasil, 2008.

4 Altomonte, H. Eficiencia energética en América Latina y el Caribe: Situación y perspectivas. II Seminario Latinoamericano y del Caribe de Eficiencia Energética. OLADE, La Habana: CEPAL, 2009.

Las causas de la crisis energética son claramente evidentes en la imposición de un estilo de vida, de una cultura consumista que se ha ido extendiendo en todo el planeta, cuya base se asienta en el sistema capitalista y el modelo neoliberal sustentado en principios y valores de individualismo, vanidad y egoísmo. En nombre del "desarrollo" han llevado al borde de la crisis a esta civilización, incluso al propio imperialismo norteamericano que lo promueve.

Según el economista argentino Beistein (2009),[5] Estados Unidos, la principal potencia del mundo, que promueve el neoliberalismo, tiene un proceso de decadencia social, y una dependencia energética cada vez mayor para cubrir el alto nivel de consumo de energía. En 1960, Estados Unidos importaba el 16% de su consumo de petróleo, hoy importa el 65%. El imperio ahora no puede frenar su dependencia respecto del petróleo. Beistein plantea que la dinámica imperialista forjó su propia trampa. El Estado norteamericano no desarrolló estrategias

5 Beistein, J. "En la Ruta de la Decadencia hacia una Crisis Prolongada de la Civilización Burguesa". Observatorio Internacional de la Crisis. Depto. Ecuménico de investigaciones. Costa Rica: C.A, 2009. Según Beistein, la decadencia del Estado norteamericano está estrechamente asociada a la hipertrofia militar financiera, repliegue de su capacidad integradora, degradación de la infraestructura y persistencia del déficit fiscal que ha derivado en una deuda pública gigantesca que ha llegado a mil millones de dólares. Ahora Estados Unidos depende no solo de deudas, sino que su sistema financiero nacional depende del financiamiento internacional. Varios fenómenos que vienen ocurriendo desde hace varias décadas en EEUU expresan su decadencia social: Un deterioro de la cultura productiva desplazada por la combinación del consumismo y las prácticas financieras; la concentración del ingreso nacional en pocas manos, el 1% de la población estadounidense más rica, llegó al 20% en el 2007, el más alto nivel de concentración desde 1920. Lo que ha llevado a Estados Unidos a un proceso de desintegración social, aumento de la criminalidad y de la subcultura de la transgresión, especialmente de los más pobres, los marginados y las minorías étnicas. Las cárceles de Estados Unidos son las más pobladas del planeta; con apenas el 5% de la población mundial, dicho país tiene el 25% de los presos de todo el mundo (New York Times, 23/04/2005).

de largo plazo tendientes al ahorro de energía con lo que pudo haber desacelerado su propia crisis energética.

El impulso de las llamadas Revolución Industrial y Revolución Verde aceleró el consumo irracional de energía y la sobreexplotación de la riqueza que provee la naturaleza.

Con la revolución verde, la producción de granos básicos ha crecido a una tasa mayor que la población,[6] y ha impulsado, a partir de sus avances tecnológicos, la agricultura y ganadería extensiva, el uso a gran escala de agroquímicos, deforestación de amplias zonas boscosas, uso excesivo de agua y energía para el riego de grandes extensiones de monocultivos.

Paradójicamente, en vez de que la producción a gran escala, permitiera eliminar el hambre en el mundo, el número de personas hambrientas y subnutridas creció a niveles alarmantes en los últimos años. En el 2009, según la FAO,[7] la cifra asciende a 1,020 millones de personas. Esto se traduce también en una cifra verdaderamente escalofriante: cada 24 horas mueren de hambre 100.000 personas en el mundo, 30.000 de ellas niños menores de 5 años de edad (Social Watch, 2008, citado por Hurtado 2009).[8] Aunque estos datos son, según Hurtado (2009), suficientes para hacer reflexionar a cualquier persona con un mínimo de conciencia social, no lo es para que los especuladores neoliberales hagan lo propio. El neoliberalismo entiende únicamente de ganancias y beneficios: la vida de las personas también tiene un precio, siempre y cuando dé beneficios a los especuladores neoliberales.

---

6 Darcy, V. T. En Torno al Medio Ambiente, una Revisión de Cuatro Debates. *Espiral, Estudios sobre Estado y Sociedad*, 2008.

7 FAO. Estado Mundial de la Agricultura y la Alimentación, 2009, p. 121

8 Honrubia Hurtado, A. Neoliberalismo y desarrollo, la historia de un fracaso anunciado. *Rebelión*. Edición online *El Economista*, de Cuba, 2009.

Cuadro 2. Producción de gases de efecto invernadero por fuente

Gas	Fuentes principales	Contribución al calentamiento global
Dióxido de carbono (CO2)	* Quema de combustibles fósiles (77%) * Deforestación (23%)	55%
Clorofluoros Carbonos (CFC) y gases afines (HFC y HCFC)	* Diversos usos industriales: refrigeradoras, aerosoles de espuma, solventes... * Agricultura intensiva	24%
Metano (CH4)	* Minería de carbón * Fugas de gas * Ganadería extensiva * Deforestación * Respiración de plantas y suelos por efectos del calentamiento global	15%
Oxido Nitroso	* Agricultura y silvicultura intensiva * Quema de biomasa y combustibles fósiles * Uso de fertilizantes	6%

Fuente: Revista electrónica de información. Fundación Eroski. www.fundacioneroski.es.

Con la revolución industrial se masificaron las concentraciones urbanas y semiurbanas, crecieron las ciudades, se crean nuevas necesidades, aumentó el consumo de materias primas y productos de la industria (electrodomésticos, muebles, materiales de construcción, alimentos procesados etc.), se profundizó la sobre explotación de los recursos naturales, la tala indiscriminada de bosques, la contaminación de las aguas, la desaparición de la biodiversidad y el deterioro ambiental para dar paso a la construcción e infraestructura vial (grandes carreteras, vías férreas), urbanística, comercial e industrial en aras del "desarrollo" y se incrementó la dependencia del consumo energético, principalmente la energía eléctrica y los derivados del petróleo.

Esta producción y consumo irracional energético, basado en los combustibles fósiles, es uno de los mayores responsables de la generación de gases de efecto invernadero (GEI) que han provocado el calentamiento global y el cambio climático que tiene al planeta Tierra al borde del colapso. Sólo Estados Unidos, con el 6% de la población mundial, emite el 25% del dióxido de carbono. Desde el Protocolo de Kyoto (1997), las emisiones de los países desarrollados, en vez de disminuir, se elevaron 12,8% y de lo cual, el 55% fue producido por Estados Unidos. Las últimas mediciones reflejan que más del 90% del dióxido de carbono presente en la atmósfera procede de Europa y USA.[9]

Con el modelo neoliberal, se han profundizado las desigualdades sociales y se ha llevado al planeta a un grave desequilibrio ecológico, cuyas consecuencias las están sufriendo ya las poblaciones y comunidades más pobres y vulnerables del mundo. Es una tremenda injusticia social y ambiental que la gente que vive en condiciones de pobreza y vulnerabilidad tenga que ser los principales afectados de los embates del cambio climático, cuando son las personas que menos consumen energía y, por lo tanto, son los menos responsables del calentamiento global y del desastre ambiental provocado.

Cuadro 3. Toneladas de emisiones de CO2 por habitante por territorio (Toe/CO2/hab)

Territorio	EEUU	Canadá	Australia	Rusia	Alemania	China	África	India	América Latina	El Salvador
Año 1990	24.06	17.44	16.91	16.11	12.76	1.0	0.5	0,2	2.0	0.77 (1995)

Fuente: Aguilar, Y. Estudio de Opciones de Mitigación de GEI en el Sistema Energético de El Salvador, 2009. Frente Farabundo Martí para la Liberación Nacional. Documento de Debate frente al Cambio Climático. Manuscrito no publicado, 2009.

La multiplicidad de crisis generadas por el modelo neoliberal pone al descubierto la irracionalidad del sistema capitalista, la crisis sistémica y la inviabilidad de la actual civilización. Al mismo tiempo, es una evidencia de la enorme deuda ecológica y social de los países desarrollados con los países pobres y con las generaciones futuras.

No hay duda de que la responsabilidad de esta crisis global es común, pero diferenciada. Lo que significa que los países de-

9 Revista electrónica de información. Fundación Eroski. www.fundacioneroski.es.

sarrollados están obligados a reducir drásticamente el consumo energético, evitar el derroche y hacer un cambio radical en su estilo de vida,

Están obligados también a desarrollar alternativas de generación de energía que detengan el daño irreversible del planeta, pero estas sólo serán posibles con el compromiso de asumir nuevas formas de relacionarse con los otros países basadas en el respeto mutuo y la cooperación y pagar la enorme deuda ecológica y social a los países subdesarrollados para su adaptación obligada y mitigación forzosa al cambio climático, de forma legalmente vinculante y administrado por la Convención Marco de Cambio Climático.

Los países pobres tienen el reto de buscar alternativas de generación energética que sean social, económica y ambientalmente sustentables, de hacer distribución equitativa para suministrar energía eléctrica a todas sus comunidades sin discriminación, desarrollando la cultura del ahorro y eficiencia y de respeto a la naturaleza, combatiendo la injusticia y la desigualdad.

Es importante tener claro que, para evitar el colapso del planeta, debe hacerse una transformación en las formas de relacionarse del ser humano con la naturaleza y entre los seres humanos, que modifique la cultura de consumismo y derroche, que ponga fin a esta civilización actual impuesta, plagada de individualismo y egoísmo, que sólo piensa en el hoy como si ésta fuera la última generación del planeta.

Es urgente construir las bases para una nueva estructura económica que sí haga de esta generación la última generación de la miseria humana y reconstruir las condiciones para las nuevas generaciones en el marco de una nueva sociedad que se base en valores y principios de justicia, respeto, cooperación y solidaridad.

La energía eléctrica como derecho humano

La energía eléctrica, igual que el agua potable, es un elemento fundamental para la vida humana, para producir y preparar los productos alimenticios que nos provee la naturaleza y para cubrir muchas otras necesidades.

Con la aparición de las ciudades y el desarrollo de las sociedades, se fue creando la necesidad y dependencia de la energía eléctrica para la realización de casi todas las actividades diarias, tanto en el hogar como en las instituciones creadas con el surgimiento del Estado y para el desarrollo de las actividades productivas.

Con el desarrollo del sistema capitalista y su modelo neoliberal, la energía eléctrica se convirtió en pocos años en una mercancía. Con la privatización de los servicios básicos, el control de la generación, distribución y comercialización de la energía eléctrica pasó a manos privadas, supeditándose los derechos de las poblaciones humanas y el interés de las naciones, al interés económico y de lucro de grandes empresas transnacionales.

Una de las consecuencias de la privatización de la energía eléctrica es que su precio se disparó varios cientos por ciento, avalado por los gobiernos neoliberales. El acceso por parte de las familias y habitantes está supeditado al mercado y a la capacidad adquisitiva de la población, significando entonces este acceso, en el mismo territorio, un derroche de consumo energético y producción de emisiones de GEI para unas pocas familias y una necesidad no cubierta para muchas familias, provocando más pobreza, más desigualdad y más vulnerabilidad social.

El costo elevado de la energía eléctrica tiene repercusiones en la capacidad de acceder a servicios para el goce de otros derechos humanos fundamentales como la salud, la educación, el acceso al agua con calidad y en cantidad y a la alimentación adecuada. Por lo que para su cumplimiento es necesario contar con el servicio de energía eléctrica de forma permanente, equitativa, estable y a un precio accesible para todas las familias que habitan en el país, especialmente las que viven en las comunidades rurales y urbano marginales.

Este derecho humano es poco reconocido como tal por los mismos gobiernos. Lo que queda evidenciado en las conclusiones planteadas por la Cepal y PNUD,[10] en su análisis sobre la contribución de los servicios energéticos a los objetivos del milenio y a la mitigación de la pobreza en América Latina y el Caribe, a partir de la documentación de los países sobre el tema, entre las cuales citamos las siguientes:

- el nexo entre la energía y la reducción del hambre o la seguridad alimentaria está apenas reconocido;
- el acceso a electricidad dentro de la canasta básica de servicios a los hogares es el tema más evocado por los países en general, pero escasamente en los informes ODM;
- el rol de la energía en la provisión de servicios básicos como el acceso al agua está prácticamente ausente. Solo se menciona el rol de la energía para el riego, pero nunca se hace la relación con el acceso a agua potable, a pesar de ser una de las metas de los ODM;
- los nexos entre la energía y los diferentes aspectos sociales (educación, salud y género principalmente) son la mayor debilidad de los documentos estudiados, prácticamente no son mencionados;
- se tratan poco las necesidades específicas de las áreas rurales o aisladas donde justamente el acceso a energía es fundamental, no solo para el desarrollo productivo,

10 Cepal-PNUD. Contribución de los servicios energéticos a los objetivos del milenio y a la mitigación de la pobreza en América Latina y el Caribe.

sino también para viabilizar el acceso a los otros servicios sociales como son la salud, las telecomunicaciones, la educación.

Por lo que, de acuerdo con la Cepal, los países de América Latina y el Caribe deben definir las siguientes prioridades de política frente a la coyuntura energética actual:[11]

- mejorar la seguridad energética;
- diversificar las fuentes de la matriz energética;
- promover el ahorro y uso eficiente de la energía;
- mayor equidad social en el acceso y consumo de energía;
- incluir en el Presupuesto Nacional partidas destinadas a inversión y subsidios para lograr acceso y accesibilidad de la energía para los sectores pobres, previa definición de metas específicas de cobertura y de las tecnologías a utilizar para la misma;
- necesidad de reformas a la regulación y políticas energéticas de segunda generación.

Para lograr el cumplimiento de estas propuestas de la Cepal y otras que son fundamentales, se debe asegurar que el acceso a la energía eléctrica sea un derecho humano fundamental que debe ser reconocido como tal por las leyes nacionales y su generación, producción, distribución y precio debe ser regulado y asegurado a toda la población, directamente por el Estado.

Las medidas encaminadas a cumplir este derecho humano no deben atropellar otros derechos, sino fortalecerlos, entre ellos:

- *los derechos naturales de todos los seres que subsisten en el ecosistema y que son vitales en el equilibrio ecológico,* tales como asegurar la conservación y preservación

[11] CEPAL-PNUD. Contribución de los servicios energéticos a los objetivos del milenio y a la mitigación de la pobreza en América Latina y el Caribe.

ecológica de las cuencas, los usos prioritarios del recurso hídrico con disponibilidad a largo plazo, el acceso al agua con calidad y en cantidad para las poblaciones presentes y futuras, la soberanía y seguridad alimentaria;

- *los derechos intergeneracionales.* Es obligatorio para los Estados, tanto como para todas las personas naturales o jurídicas, nacionales o extranjeras. Es obligación trabajar con aquellas tecnologías y fuentes de energía de bajo o cero impacto al ambiente, a la salud y a la vida de las personas y la biodiversidad, y garantizar la disponibilidad a largo plazo de los bienes naturales de los ecosistemas para las futuras generaciones;
- *la preservación de la cultura de los pueblos indígenas, comunidades rurales y costumbres ancestrales* es un derecho insoslayable, reconocido por las Naciones Unidas. Su irrespeto trae consigo la aceleración del desequilibrio ecológico, ya que la cultura de estos pueblos y comunidades contribuye a la preservación y sustentabilidad de los ecosistemas y del planeta;
- *la soberanía de los pueblos y naciones subdesarrolladas.* La cooperación financiera y tecnológica de países desarrollados como parte de cumplir con la deuda ecológica a los países subdesarrollados no debe ser a costa de seguir explotando sus recursos naturales, sino para recuperarlos y preservarlos.
- *la integración de los pueblos y naciones* basada en el mutuo respeto, cooperación, intercambio y solidaridad debe fortalecerse. Compartir y aprender las experiencias de tecnologías alternativas en beneficio del desarrollo de sus pueblos con justicia e igualdad social, evitando impactos negativos para las naciones hermanas.

Las alternativas energéticas y la resolución de la crisis sistémica del país y la región

Las alternativas energéticas por sí solas no resolverán la crisis del planeta y corren el riesgo de perpetuar la brecha abismal de desigualdad e injusticia social entre países pobres y ricos si se mantiene el actual modelo energético privatizado, definido como una mercancía para el beneficio de empresas nacionales o transnacionales y para suplir el consumismo y derroche a costa del empobrecimiento, hambre, sed, migración o muerte de miles de personas, a consecuencia del desalojo de las comunidades originarias y campesinas de sus hábitat, de las selvas tropicales, de la destrucción de los sistemas naturales y del exterminio de su soberanía e identidad cultural.

No basta con cambiar la tecnología o fuente de energía; hay que cambiar el enfoque neoliberal, sino sólo serán nuevas formas de control, expropiación y explotación de los pocos recursos naturales por parte de empresas transnacionales y las relaciones de generación, producción, distribución, consumo y precio seguirán siendo desiguales e injustas e irán en detrimento de la gran mayoría de la población.

Hay que tomar en cuenta que lo renovable es relativo y se mide en relación a la capacidad de regeneración de la fuente natural en relación al tiempo humano, el cual en muchos casos es incompatible por el consumo exacerbado de la actual civilización.

Por lo tanto, las formas alternativas de energía renovable y ambientalmente viable deben ser administradas directamente por los estados y enfocadas a suplir las necesidades de energía eléctrica de la población y asegurar el cumplimiento de otros derechos humanos que requieren del recurso energético.

Es importante que los estados ejerzan su soberanía energética, teniendo clara la premisa ¿para qué y para quién? es la energía producida y el desarrollo? Asimismo, tener presentes los principios de prevención y precaución. Y en este marco, impulsar los proyectos de producción energética que sean de menor impacto y mayor beneficio al país y la región, tanto en lo ambiental, social y económico.

Haciendo una reflexión sobre las consecuencias actuales y sus causas, se considera que el número uno del problema es la cultura impuesta por el sistema capitalista neoliberal: *el consumismo y el derroche*. El capitalismo va creando las necesidades de consumo para garantizar la estabilidad y el crecimiento de su capital, sin importar las consecuencias.

Por lo tanto, al plantearse las alternativas energéticas, debe pensarse de forma integral: que asegure la reducción de gases de efecto invernadero y de otros impactos ecológicos locales o regionales, que se anteponga el interés de toda la población por sobre el interés de lucro de unos pocos y se tomen medidas que contrarresten la cultura impuesta de consumismo y derroche. Así también, se debe retomar la soberanía e identidad cultural del país y la región, respetando y reconociendo las limitaciones, las bondades y los derechos de la naturaleza y de las futuras generaciones, promoviendo valores como solidaridad, respeto, ahorro, austeridad, cooperación e integración regional.

En consecuencia con lo anterior, se deben tomar medidas como:

- asegurar el ahorro energético antes de pensar en proyectos de infraestructura;
- todo nuevo proyecto de generación de energía eléctrica diseñado debe ser de fuente renovable alternativa o distinta a la actual, y dirigido a cubrir las necesidades de la población del país y la región, y que garantice el resguardo del derecho de las futuras generaciones

Esto implica también ir dando pasos para desprivatizar la producción, distribución y precio; romper con la dependencia de las empresas transnacionales, rechazar macroproyectos que llevan consigo gran destrucción e impacto negativo al ambiente y a la cultura de las comunidades y requieren de gran inversión, e iniciar desde ya, los pasos hacia otras formas alternativas de generar, producir y consumir energía.

La tarea por salvar el planeta y asegurar las relaciones de igualdad y justicia social que merecen todos los seres humanos sin discriminación no es fácil, pero hay que tomar la iniciativa sin esperar que los responsables del daño lo hagan primero. Cuba es un claro ejemplo de lo que se puede y debe hacer. Esta es la batalla de las ideas que impulsa el líder internacional Fidel Castro. Es importante desde ya sentar bases para una nueva civilización.

Sobre la situación energética en El Salvador y las opciones alternativas

El Salvador ha utilizado principalmente energía convencional a base de combustibles fósiles (petróleo y sus derivados), energía hidroeléctrica, geotermia, biomasa y leña.

El consumo de energía per cápita aumentó un 27% en un período de 25 años comprendido entre 1970 a 1995. En este mismo período, el abastecimiento de energía nacional fue cubierto en más del 55%, aunque entre 1990 y 1995 hubo un incremento sensible de fuentes no renovables (Aguilar, 2009).[12]

En el año 2003, El Salvador tenía una capacidad instalada de producción de energía eléctrica de diversas fuentes, siendo dominante la energía térmica y en un segundo lugar la energía hidroeléctrica (ver Cuadro 4).

Actualmente las fuentes de generación de energía eléctrica siguen siendo prácticamente las mismas: térmica, hidroeléctrica

---

[12] Aguilar, Y. (2009). Estudio de Opciones de Mitigación de Gases de Efecto Invernadero en el Sistema Energético de El Salvador.

y geotérmica, sólo que ésta última ha aumentado su participación entre 3 a 5 puntos porcentuales más. En el caso de la energía hidroeléctrica, según la Comisión Ejecutiva Hidroeléctrica del Río Lempa (CEL) su participación varía de acuerdo a la época aumentando en la estación lluviosa con una diferencia de más de 13 puntos porcentuales con respecto a la época seca, en cambio la energía termoeléctrica aumenta en la época seca en más de 19 puntos porcentuales, mientras la energía geotérmica disminuye en la época seca en más de 3 puntos porcentuales. El Salvador, de acuerdo a este dato, importa energía entre 2.7 a 4.22 puntos porcentuales dependiendo de la estación.[13]

Cuadro 4. Capacidad instalada de la matriz de energía eléctrica de El Salvador en términos absolutos y relativos, en relación con la capacidad instalada de la región centroamericana (2003)

Fuente	Total de MW El Salvador	Relación porcentual	Total MW en Centroamérica	Porcentaje de la región
Térmica	501	44%	3,147	42.37%
Hidroeléctrica	422	37%	3,554	47.85%
Geotérmica y biomasa*	213	19%	663	8.93%
Eólica	0	0	63	0.85%
Total	1,136	100%	7,427	100%

Fuente: Elaboración propia a partir de la base de datos de la Guía Centroamericana de financiamiento de carbono.
* Los compuestos biomásicos en el país son: bagazo de caña, pulpa de cafe y cascarilla y su uso está limitado a las respectivas agroindustrias.

De acuerdo a datos proporcionados por la Superintendencia General de Electricidad y Telecomunicaciones (Siget), creada en 1996, en el marco de la privatización citados por la Unidad Ecológica de El Salvador (Unes), la energía hidroeléctrica varía de acuerdo a la época del 56 al 23%, la geotérmica del 22 al 18%, en cambio, la termoeléctrica sube del 22 al 48%. Para la Unes

13 La Prensa Gráfica, 6 de abril de 2009. página 32.

es preocupante la tendencia creciente y alta dependencia de los derivados de petróleo, principalmente de Bunker.

En el siguiente mapa proporcionado por la Siget se pueden apreciar las diferentes fuentes que participan en la generación de electricidad en el país, con su capacidad instalada total de 1422.20 MW a diciembre del 2008, donde la energía térmica participa con un 52.44%, *la energía hidroeléctrica con 33.19%* y la geotérmica con 14.37%:

Figura 1. Mapa de El Salvador con la ubicación de todas las centrales generadoras de energía eléctrica en El Salvador y su capacidad instalada en MW/h

Fuente: Boletín de Siget, diciembre de 2008.

La energía hidroeléctrica que produce el país depende de su cuenca principal, el río Lempa, que toca a 12 de sus 14 departamentos. Esta es una cuenca internacional, la principal de Centroamérica. El río Lempa nace en Guatemala, pasa por Honduras y entra a El Salvador, por el municipio de Citalá, departamento de Chalatenango, y se une con otra vertiente de la cuenca Ostua-Güija río Guajoyo, municipio de Metapán, departamento de Santa Ana, en la zona Nor-occidental y se extiende a lo largo del territorio cubriendo más de 10 mil km^2, o sea, la mitad del territorio. Esta cuenca compartida entre 3 países de la región tiene un total de 18,246 km^2, de los cuales un 30% le corresponde a Honduras, un 14% a Guatemala y un 56% a El Salvador,[14] siendo este último un país aguas abajo.

Actualmente, la cuenca del río Lempa abastece a más de 3 millones de habitantes con agua potable y beneficia a más de 9 mil productores con 4 distritos de riego, así como la generación de energía eléctrica con el funcionamiento de 4 presas hidroeléctricas sobre la cuenca que en conjunto tienen una capacidad instalada de 469 MW (Guajoyo: 19.8 MW; Cerrón Grande: 172.8 MW; 5 de Noviembre: 99.4 MW y 15 de Septiembre: 180MW (ver figuras 1 y 2).

La cuenca del río Lempa es la arteria principal que permite el desarrollo y la vida de la población salvadoreña en un estrecho territorio de 21,090 km^2, con una densidad poblacional de acuerdo a cifras oficiales del último censo de 273 hab./km^2, la más alta de América Continental.

Esta cuenca, de acuerdo a un estudio reciente realizado por Maurer (2008),[15] traducido y citado por Fuentes,[16] en el Faro

14 Quiñonez B., J.C. Problemática Hídrica Ambiental de la Construcción de la Presa Hidroeléctrica El Cimarrón, El Salvador, C.A. Trabajo de investigación seleccionado y presentado en XIII Congreso Mundial del Agua, Montpellier, Francia, 1-4 Septiembre 2008.

15 Maurer, E. P.; Adam, J. C.; Wood, A. W. Climate model-based consensus on the hydrologic impacts of climate change to the Rio Lempa basin of Central America. Hydrol. Earth Syst. Sci., 13, 183–194, publicado en: 18 de febrero de 2009. Disponible en: www.hydrol-earth-syst-sci.net/13/183/2009

16 Lindo Fuentes, H. "El Impacto del Calentamiento Global en la Cuenca del Río Lempa", 19 de Octubre 2009. Disponible en: elfaro.net. Traducción y publicación de un resumen del Trabajo de Investigación de E. P. Maurer.

Académico, expresa que este "estudio identifica a la cuenca del río Lempa como una de las regiones más vulnerables a los cambios climáticos producidos por el calentamiento global. Los autores parten de las proyecciones de 16 modelos de cambio climático (modelos de circulación general, MCG) para obtener los límites superior e inferior de los efectos del calentamiento global en El Salvador."

De acuerdo a los autores, el estudio arrojó las proyecciones siguientes para finales del siglo XXI en la cuenca del río Lempa:

- las temperaturas promedio subirán entre 1.9 y 3.4 grados centígrados. Los aumentos más grandes serán entre junio y julio;
- el consenso de los modelos MCG es que el futuro será más seco. La reducción en las precipitaciones estará entre cinco y diez por ciento. La mayor parte de la disminución en precipitaciones ocurrirá entre mayo y julio, la primera mitad de la estación lluviosa;
- el flujo de agua a las principales represas disminuirá en promedio entre 13 y 14 por ciento;
- la disminución mayor de flujos ocurrirá entre julio y agosto y será entre 21 y 41 por ciento;
- la disminución en la capacidad de producir electricidad, en una estimación preliminar, puede encontrarse entre 33 y 53 por ciento a finales del siglo XXI.

Según Maurer (2008), si los principales países que emiten gases de invernadero no tienen éxito en reducir la emisión de gases de manera dramática, los administradores de aguas se deben preparar para reducciones mucho mayores en los flujos.

Sin embargo, en las proyecciones de la CEL, pareciera que no se ha tomado en cuenta el fenómeno tan anunciado del cambio climático, teniendo planteado aumentar el nivel de generación de energía hidroeléctrica a través de seguir impulsando nuevas megapresas hidroeléctricas, la mayoría de éstas sobre la cuenca del río Lempa, mientras que hay poco interés en el impulso de nuevas tecnologías que impacten menos al ambiente.

Figura 2. Mapa de El Salvador y cuenca del río Lempa, con la ubicación de las 4 presas hidroeléctricas existentes y los proyectos de nuevas presas sobre la cuenca.

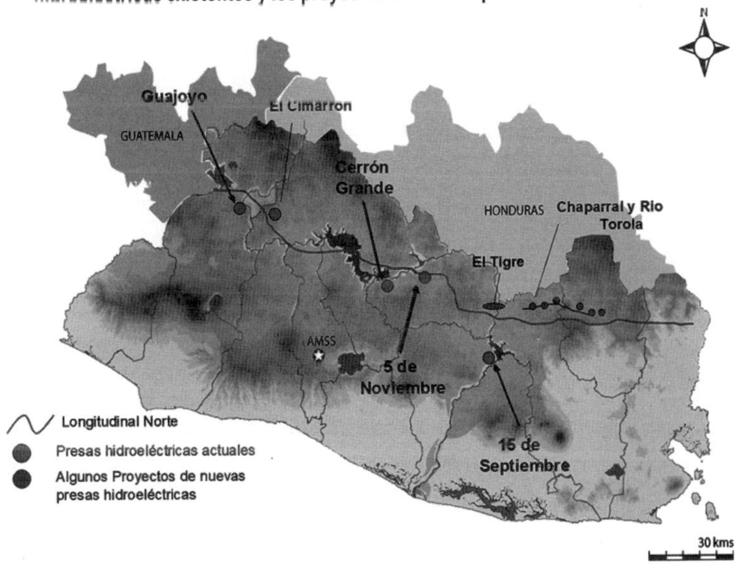

Fuente: adaptación propia en base a mapa presentado por la Unidad Ecológica Salvadoreña.

De acuerdo a datos de la Siget (boletín 2008 y avance 2009), al comparar la demanda mínima y máxima y la demanda promedio *versus* la capacidad instalada se refleja que en el período (1990-2009), la demanda media siempre fue menor al 50% con respecto a la capacidad instalada, y la demanda máxima representó menos del 75% con relación a la capacidad instalada.

Cuadro 5. Capacidad instalada en MW/h *versus* demanda mínima máxima y media en MW/h que ha registrado El Salvador de 1990-2009

Años	Capacidad instalada, mercado mayorista MW	Demanda neta mínima	Demanda neta máxima	Demanda neta media	Diferencia entre capacidad instalada y demanda neta media	Diferencia entre capacidad instalada y demanda neta máxima	Porcentaje de la demanda media con relación a la capacidad instalada	Porcentaje de demanda máxima con relación a la capacidad instalada
1990	650	127	412	269,5	380,5	238	41%	63%
1991	650	135	448	291,5	358,5	202	45%	69%
1992	698	150	476	313	385	222	45%	68%
1993	818	169	530	349,5	468,5	288	43%	65%
1994	818	200	566	383	435	252	47%	69%
1995	909	205	592	398,5	510,5	317	44%	65%
1996	943	208	626	417	526	317	44%	66%
1997	943	191	666	428,5	514,5	277	45%	71%
1998	943	228	694	461	482	249	49%	74%
1999	989	207	718	462,5	526,5	271	47%	73%
2000	1,103	227	758	492,5	610,5	345	45%	69%
2001	1,118	219	734	476,5	641,5	384	43%	66%
2002	1,044	260	752	506	538	292	48%	72%
2003	1,106	273	785	529	577	321	48%	71%
2004	1,096	250	809	529,5	566,5	287	48%	74%
2005	1,119	265	829	547	572	290	49%	74%
2006	1,231	327	881	604	627	350	49%	72%
2007	1,372	341	906	623,5	748,5	466	45%	66%
2008	1,422	320	924	622	800	498	44%	65%
2009*	1,471	354	895	541	930	576	37%	61%

Fuente: elaboración propia en base a datos de Siget (Superintendencia General de Electricidad y Telecomunicaciones), Boletín 2008 y avance 2009. * Primeros 6 meses del año.

Asimismo, de acuerdo a la información de la Siget, la capacidad disponible[17] en los últimos 8 años (2002-2009) fue mayor que la demanda máxima de esos años,[18] esto sin dar cuenta del derroche e ineficiencia del modelo económico, ya que en los últimos años la demanda energética crece de acuerdo a la Unes,

17 De acuerdo a la Siget, la Capacidad disponible es la capacidad real que tiene una planta o una estación (Boletín Siget 2008, Glosario).

18 Boletines de la Siget de los años 2002 al 2009.

el 6% anual en promedio, o sea, más de 3 veces del crecimiento poblacional y más de 2 veces del crecimiento del PIB.[19]

De acuerdo a la Siget, cuando se habla de capacidad disponible, se refiere a la potencia eléctrica que realmente es capaz de suministrar una máquina o central generadora en un momento determinado. Si se observa en el Cuadro 6, la demanda máxima en promedio no sobrepasa el 80% de la capacidad disponible en los últimos 8 años.

Cuadro 6. Capacidad disponible en MegaWatt/hora, versus demanda neta máxima en MegaWatt/hora registrada en El Salvador, por la Siget período 2002 al 2009.

Años	Capacidad instalada, mercado mayorista MW	Capacidad disponible, mercado mayorista MW	Demanda neta máxima MW	Diferencia entre cap. disponible y demanda neta max. MW	Porcentaje demanda neta máx. con relación a cap. Disponible
2002	1,044	868	752	116	86.64%
2003	1,106	1024	785	239	76.66%
2004	1,096	867	809	58	93.33%
2005	1,119	971	829	142	85.38%
2006	1,231	1159	881	278	76%
2007	1,372	1273	906	367	71%
2008	1,422	1309	924	385	70.59%
2009*	1,471	1360	895	465	65.81%

Fuente: elaboración propia con base en datos de Siget, boletines 2002 al 2008 y avance de boletín 2009.
* Primeros 6 meses del año.

Si se toma el promedio entre demanda neta máxima y demanda neta mínima, se tiene la demanda neta media. Al sacar el porcentaje de demanda neta media con relación a la capacidad disponible, el porcentaje promedio de la demanda neta media con relación a la capacidad disponible es de 52.46%, o sea, un poco más de la mitad de la capacidad disponible en el mercado mayorista, como se aprecia en el Cuadro 7.

19 Unes. Acerca de Una Nueva Política de Energía Eléctrica. Preliminar para discusión. Manuscrito no publicado, 2009.

Además, sin tomar en cuenta el mercado minorista, que aunque es poco, suma a la capacidad disponible.

Cuadro 7. Demanda neta media *versus* capacidad disponible. Años 2002-2009

Año	Demanda neta mínima MW	Demanda neta máxima MW	Demanda neta media MW	Capacidad disponible mercado mayorista MW	Diferencia entre cap. disponible y demanda neta media MW	Porcentaje demanda neta media con relación a la cap. disponible
2002	260	752	506	868	362	58.29%
2003	273	785	529	1024	495	51.66%
2004	250	809	529,5	867	337.5	61.07%
2005	265	829	547	971	424	56.33%
2006	327	881	604	1,159	555	56.11%
2007	341	906	623.5	1,273	649.5	48.97%
2008	320	924	622	1,309	687	47.51%
2009*	354	895	541	1,360	819	39.77%

Fuente: Elaboración propia con base en datos de la Siget, boletines 2002 al 2008 y avance de boletín 2009.
* Primeros 6 meses del año.

Gráfico 1. Capacidad Disponible de energía eléctrica vs Demanda Neta media. El Salvador del 2002 al 2009

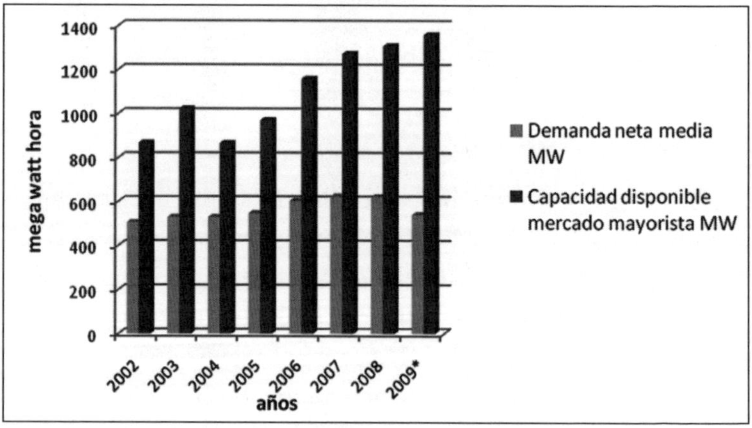

Fuente: Elaboración propia con base en datos de la Siget, boletines 2002 al 2008 y avance boletín 2009.
* Primeros 6 meses del año.

De acuerdo a este análisis, se considera que el gobierno salvadoreño no necesita construir grandes proyectos, que significan un enorme gasto financiero para resolver las necesidades del país y cuya proyección futura es incierta debido a los cambios bruscos del clima que afectarán la estabilidad de la cuenca del río Lempa.

Además, estos proyectos están cuestionados desde distintos puntos de vista, desde los procedimientos viciados hasta los daños que provocarán a la disponibilidad de agua futura y por la emisión de gases de efecto invernadero y otros efectos contaminantes y de deterioro de los recursos naturales, de la cultura, la salud y el medio ambiente y la pérdida de soberanía del país, ya que son concesiones a grandes empresas transnacionales como las megapresas hidroeléctricas El Chaparral, El Tigre y El Cimarrón y otras, así como las plantas de carbón mineral o gas natural en el municipio y departamento de La Unión.

A continuación, se hace referencia a algunos de los distintos macroproyectos cuestionados por la población y las organizaciones sociales en el país.

Proyecto Presa El Chaparral

La CEL (La Prensa Gráfica, 6 de abril del 2009) justifica la importancia de la construcción de la presa El Chaparral, de la que esperan que generará 65.7 MW de potencia y abastecerá a 200 mil hogares. Pero no definió dónde están ubicadas esas familias.

Este proyecto con una superficie de 8.6 km^2 afectará tres municipios (Carolina, San Antonio del Mosco y San Luis de la Reina en el Departamento de San Miguel). La población afectada se encuentra en lucha desde hace varios años por evitar ser desplazados y sacados de sus territorios en contra de su voluntad expresada de diversas maneras. El proyecto cuenta con todos los permisos dados por el gobierno anterior y concesionado a una empresa, que ya está iniciando su ejecución.

Proyecto Presa El Cimarrón

Se proponen una capacidad instalada de 261 MW de potencia y una generación anual estimada en 685 Gwh. Con este proyecto pretenden modificar el curso del río Lempa desde el sitio de presa hasta el sitio de confluencia del canal de descarga con el río Metayate en un tramo aproximado de 30 km.[20]

Este proyecto es de los más delicados, ya otros investigadores y ambientalistas lo han advertido. Incluso afectará el proyecto de captación de agua para el abastecimiento al área metropolitana de San Salvador, que tiene instalada la Administración de Acueductos y Alcantarillados (ANDA), entidad autónoma del Estado para el abastecimiento de agua potable y saneamiento.

Proyecto Presa El Tigre

Se pretende que sea una presa binacional (Honduras-El Salvador) con una potencia estimada de 704 MW, ubicada dentro de la cuenca del río Lempa en el departamento de Cabañas y los departamentos de Intibucá y Lempira en Honduras.

Otros proyectos de generación eléctrica

El gobierno anterior emitió permisos para la construcción de dos plantas generadoras de electricidad a base de fuentes contaminadoras emisoras de gran cantidad de CO_2 a la atmósfera, a pesar de que el anterior Presidente de la República, compro-

[20] Unes. Acerca de Una Nueva Política de Energía Eléctrica. Documento inédito preliminar para discusión. Manuscrito no publicado, 2009.

metió al país ante las Naciones Unidas en el 2007, asegurando la reducción de las emisiones de gases de efecto invernadero en un 17%, en cumplimiento a ello, las empresas transnacionales ya tienen los permisos para la construcción de dichas plantas de energía eléctrica una a base de carbón mineral y otra a base de gas natural en la zona del Golfo de Fonseca, municipio y departamento de La Unión, con capital extranjero de las empresas transnacionales AES Fonseca y Cutuco Energy respectivamente. De acuerdo a Unes, entre estas dos plantas estiman la generación de 1200 MW.

Estos proyectos de generación de energías sucias, como los que se pretenden construir a toda costa, traerá repercusiones serias al medio ambiente y al cambio climático.

Sobre las alternativas en El Salvador

Energía solar

En El Salvador, existen varias experiencias y experimentos de generación energética alternativa, en su mayoría solar. Se calcula que la tierra recibe del sol sobre su superficie alrededor de unos 1000 w por cada metro cuadrado cuando no hay nube.[21] El sol envía al planeta 11 *mil* veces más energía de la que se consume a nivel mundial.[22] Siendo que el país se encuentra ubicado en una región tropical, una de las opciones es precisamente la energía solar, como se puede apreciar en los siguientes mapas.

La energía solar puede ser bien aprovechada por el país de diversas maneras, a través de formas sencillas para uso familiar,

---

21 Urkía L, I y S. Energía Renovable Práctica. Asociación TIA (Taller de Investigación Alternativa). Edición Pamiela. Navarra, 2003.

22 Engel, Richard. Presentación: "¿Energía renovable, sustentable, limpia o verde?" Schatz Energy Research Center/Universidad Don Bosco. El Salvador, 2010.

comunitario, alumbrado público o con paneles solares a partir de microplantas fotovoltaicas. Sobre esta tecnología, el país tiene algunas experiencias que hay que potenciar. Hay otras formas que pueden impulsarse en el país a pequeña escala, como la energía eólica y bioenergética, aprovechando el potencial natural de dichas fuentes.

Figura 3. Mapas de El Salvador y Centroamérica que reflejan la insolación en el país y la región

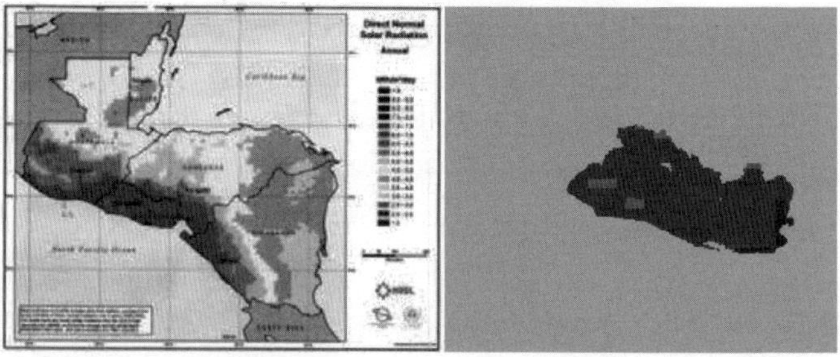

Fuente: Empresa Salvadoreña SEESA (Suministros Eléctricos o Electrónicos S.A. de C.V. (2010).

Energía hídrica

Aunque el país cuenta con alrededor de 360 ríos, y tradicionalmente se ha recibido un promedio *anual* de 1800mm de precipitación, el problema es que, por la deforestación y las malas políticas en el ordenamiento y desarrollo del territorio, el agua en vez de infiltrarse provoca fuerte erosión de suelos (2/3 de los suelos están erosionados y degradados); el agua corre arrastrando el suelo y lo que encuentra a su paso, generando grandes inundaciones en las comunidades y azolvamiento de las presas hidroeléctricas, llevando además los contaminantes, deteriorando la calidad de los cuerpos de agua. Muchos de estos ríos se han convertido en quebradas secas o en ríos de invierno, y en el peor de los casos son conductos de aguas grises o aguas residuales domiciliares, comerciales, industriales y agroindustriales.

Figura 4. Ríos de El Salvador

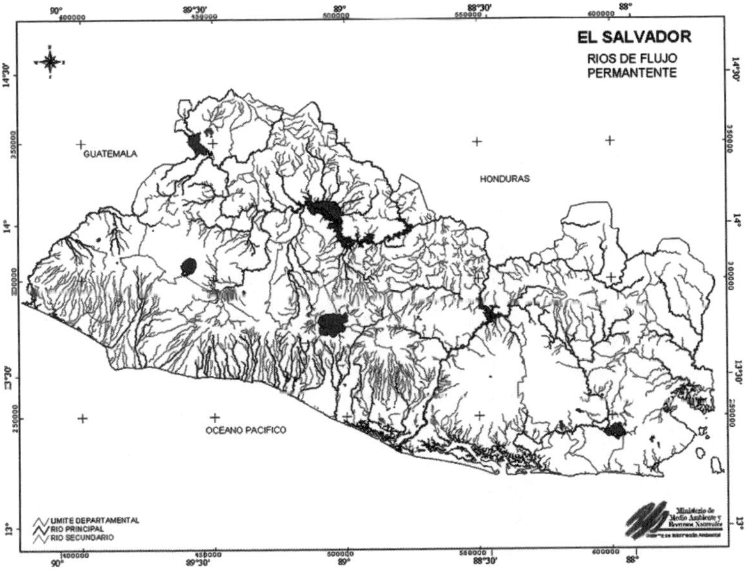

Fuente: Sistema Nacional de Estudios Territoriales – Ministerio de Medio Ambiente y Recursos Naturales de El Salvador (SNET-MARN).

Por lo que será necesario diseñar un plan de ordenamiento y desarrollo territorial con fuerte participación de los gobiernos locales y de las comunidades organizadas que habitan en las cuencas, que permita recuperar y conservar los suelos, reforestar y regenerar zonas boscosas, así como diseñar y ejecutar programas de recuperación de quebradas y manantiales en los municipios y microrregiones. Al mismo tiempo, habrá que hacer estudios específicos en cada microrregión o municipio para identificar y analizar la factibilidad de la generación de energía hídrica a pequeña escala para abastecer las comunidades de la zona.

Energía eólica

Hay estudios macro sobre la factibilidad del país para este tipo de generación energética donde apenas se identifican unas dos a tres zonas con mayor factibilidad para su impulso y dos de ellas son zonas declaradas como áreas protegidas que son íconos del país en conservación y preservación de la biodiversidad, como son El Imposible, ubicado en el departamento de Ahuachapán, y El Macizo Montañoso de Montecristo, ubicado en la región trifinio.

Figura 5. Zonas identificadas con mayor factibilidad para energía eólica, El Salvador

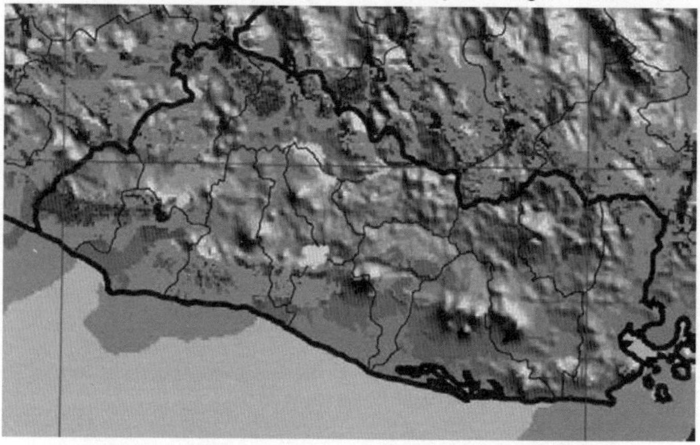

Wind Power Classification

Wind Power Class	Resource Potential	Wind Power Density at 50 m W/m²	Wind Speed[a] at 50 m m/s
1	Poor	0 - 200	0 - 5.6
2	Marginal	200 - 300	5.6 - 6.4
3	Moderate	300 - 400	6.4 - 7.0
4	Good	400 - 500	7.0 - 7.5
5	Excellent	500 - 600	7.5 - 8.0
6		600 - 800	8.0 - 8.8
7		> 800	> 8.8

[a] Wind speeds are based on a Weibull k value of 2.0

Fuente: Engel, Richard. Presentación: "¿Energía renovable, sustentable, limpia o verde?" Schatz Energy Research Center/ Universidad Don Bosco. El Salvador, 2010.

Sin embargo, según Urkía (2003), el viento tiene un comportamiento bastante microclimático y su velocidad se ve fuertemente afectada por la topografía, por lo que es importante que en cada territorio (municipio, comunidad, microrregión) se hagan estudios específicos durante un año sobre la velocidad y características del viento. Para ello existen modelos de anemómetros sencillos y eficaces que se pueden construir con los que se pueden sacar datos sobre velocidad instantánea, velocidad media y dirección del viento.

En su estudio de Energía Renovable Práctica, Urkía (2003) plantea que existen 8 tipos de molinos de viento para generar energía de distinta capacidad que se pueden construir de forma sencilla y que funcionan con la misma eficiencia y efectividad que si fueran de industria, y hay unos tipos que son silenciosos, o sea que no generan contaminación por ruido y tienen capacidad de abastecer comunidades en el servicio de energía eléctrica. El viento es un recurso natural que puede ser aprovechado de forma sustentable sin mayores costos para la comunidad.

Bioenergía

La bioenergía se logra a partir de aprovechar los desechos orgánicos resultantes domiciliares, agrícolas, pecuarios y agroindustriales. Con la producción de bioenergía, se hará una gestión integral de los desechos y mejorará la calidad de la salud humana y su ambiente sano, además del ahorro económico para los municipios, al mismo tiempo que podrán abastecer a las comunidades con la energía resultante del biogás y se contribuye a evitar la emisión de metano a la atmósfera, el cual, de acuerdo al Dr. Luis Alberto Ferraté Felice, reconocido científico ambientalista guatemalteco, el metano es 21 veces el CO_2.

Hay que tener claro que primero, o paralelamente, se debe iniciar con un fuerte impulso del ahorro y eficiencia de energía, así como una distribución equitativa y racional, acompañado de un plan de educación ambiental en las comunidades y sectores y de fortalecimiento de su identidad cultural. Si el país trabaja en esta línea de ahorro y eficiencia energética y complementa la falta de energía eléctrica masificando las formas alternativas a micro y pequeña escala, aprovechando el potencial natural del territorio en cada microrregión, esto puede significar una mayor atracción turística de forma sostenible y encontrar apoyo a nivel internacional para su impulso.

Es importante recalcar que todo esto requiere de estudios específicos, ya que debe estudiarse cada microrregión del territorio y conocer sus potencialidades en materia de generación de energía, así como sus necesidades o demandas energéticas.

Prolongar la vida útil de las actuales presas hidroeléctricas, dando mantenimiento, no solo a su infraestructura, sino también impulsar un plan de reforestación, conservación y restauración ecológica de la cuenca río Lempa para conservar los suelos, evitar la erosión y recuperar y preservar el bien hídrico.

Evitar la construcción de nuevos proyectos de presas hidroeléctricas en la cuenca del río Lempa y de otros ríos importantes, que, como ya se ha planteado, no son la solución al problema del país y su futuro es incierto y dañino para la sustentabilidad del territorio y del planeta.

Sobre la crisis energética en El Salvador

La crisis energética en el país está relacionada con varios factores que tienen como denominador común el modelo económico neoliberal impuesto en los últimos 20 años. Entre estos factores podemos mencionar:

- La privatización de los activos del Estado, siendo un rubro principal la energía eléctrica, que ahora es una mercancía en manos de empresas transnacionales, y todos los proyectos de generación eléctrica futura. Desde 1996, con la aprobación de la ley de la Siget, desde la ley que promueve la libre competencia en la generación, transmisión y distribución y la reestructuración de la CEL se inició el proceso de privatización, consumándolo en el año 2000, con lo que el precio de la energía se disparó, y aumenta su costo cada seis meses según la norma establecida. Ahora la energía eléctrica es vendida como mercancía desde la generación, transmisión y distribución.

- La profundización de las desigualdades sociales. En los 17 años siguientes, luego de la firma de los Acuerdos de Paz en 1992, los gobiernos de la oligarquía socavaron dichos acuerdos de paz, especialmente los que estaban enfocados a solventar la crisis económica, a mejorar las condiciones de vida de la población. Ahora se ha profundizado la pobreza; hay un alarmante deterioro social, que se evidencia, entre otras cosas, por el nivel de pobreza y pobreza extrema que suman el 65% del total de la población con un PIB per cápita de $1,200 (en US$ de 1990).[23] Igualmente, cuando se analiza el consumo de energía, es palpable la desigualdad, cuando un 85% de la población rural utiliza la leña como su fuente de energía y un 60% son comunidades urbanas o suburbanas, representando la leña casi un 50% del consumo total de energía en El Salvador (Aguilar, 2009).
- La crisis ambiental y el cambio climático: si bien es cierto que el país no es de los principales causantes del cambio climático, es de los más afectados y amenazados por su ubicación y por la vulnerabilidad acumulada producto de las malas políticas socioeconómicas y ambientales que tienen a la mayoría de la población en la extrema

23 Aguilar, Y. Estudio de Opciones de Mitigación de Gases de Efecto Invernadero en el Sistema Energético de El Salvador, 2009.

pobreza, así como la sobreexplotación de sus recursos naturales que ha llevado a un desequilibrio ecológico al territorio. Por otra parte, el sistema energético nacional es altamente vulnerable, entre otras cosas debido a la alta y creciente dependencia de las importaciones de combustibles fósiles, lo cual se traduce en pérdida de soberanía nacional.

Sumado a esto, las otras medidas neoliberales de privatización y venta de los otros patrimonios del Estado, como la dolarización de la moneda nacional, la privatización de la banca, de las telecomunicaciones, así como los procesos de privatización de la salud, de la educación, de las telecomunicaciones, ha dado como resultado una multicrisis dentro de la cual se enmarca el problema de la energía.

Está comprobado que el modelo neoliberal no es capaz de resolver la multicrisis que él mismo ha creado. La ONU lo reconoce claramente al plantear que

> Los gobiernos no pueden darse el lujo de hacerse a un lado y esperar que actúen los mercados. La política energética es un área donde la combinación de grandes inversiones iniciales con horizontes cronológicos e incertidumbre hacen del todo imposible que los mercados generen por sí solos el cambio tecnológico al ritmo requerido por la mitigación del cambio climático y sus efectos.[24]

Las preguntas: ¿energía para qué?, ¿energía para quién?, ¿desarrollo para qué y para quién? están planteadas en la mesa no para esperar una respuesta, pues está más que clara. Estas preguntas esperan una señal de esperanza por parte de los gobiernos para la gente que clama justicia y que se resiste a ser desalojada y diezmada de su cultura.

---

[24] PNUD. Informe de Desarrollo Humano 2007-2008.

Conclusiones

Existe una crisis energética que es parte de una crisis global del sistema capitalista y del modelo neoliberal impuesto a la humanidad. Que para la población de los países pobres se expresa porque sus derechos humanos y sus recursos naturales han sido convertidos en mercancía. Ej. el agua y la energía, entre otros.

El cambio climático, del cual el calentamiento global es solo una de sus manifestaciones, es otra consecuencia de la crisis generada por este sistema, que ha impuesto una civilización consumista y derrochadora como si fuera la última generación del planeta, cuyas formas de producir y consumir se basan fundamentalmente en el uso de combustibles fósiles.

Que, no obstante, los países subdesarrollados no son responsables directos de esta crisis, la mayoría de sus gobiernos han adoptado y promovido los mismos patrones de producción y consumo capitalistas, y han mediatizado, haciendo posible la concreción de modelos neoliberales. Dichos gobiernos deben tomar iniciativa, y acompañar y defender al pueblo que los eligió, garantizando sus derechos humanos por sobre los intereses de lucro de la gran empresa nacional y las empresas transnacionales.

Por lo que se deben tomar medidas, en primer lugar, replantear y repensar la matriz energética desde un enfoque de soberanía energética hacia fuentes alternativas, tomando como primera medida asegurar el uso eficiente, el ahorro, la distribución energética racional y equitativa; segunda medida, que todo proyecto que se diseñe debe ser a pequeña escala, y debe responder a la satisfacción de las necesidades de las comunidades en su territorio, resguardando el derecho de las futuras generaciones. Estas medidas deben ser acompañadas de procesos educativos hacia la reconversión de una nueva civilización que haga prevalecer los valores de cooperación, solidaridad, respeto hacia la naturaleza y entre seres humanos que promuevan la armonía, la paz e integración entre los pueblos y las naciones garantizando los derechos intergeneracionales.

En síntesis, resolver el problema de crisis energética no se trata simplemente de cambiar de tecnología en la generación o producción de energía que sea menos contaminante; se trata de un cambio integral alternativo al modelo neoliberal, que reduzca las emisiones de gases de efecto invernadero, al mismo tiempo que combate la injusticia y desigualdad social y de géneros, que rompe con la cultura de consumismo y promueve nuevos principios y valores humanos, que rescaten la cultura e identidad, la soberanía e integración de los pueblos, y haga prevalecer la justicia social y ambiental. No es fácil, pero ése es el reto para los movimientos y gobiernos de izquierda y para los pueblos que aspiran a una sociedad justa, una sociedad socialista.

Lineamientos para una propuesta alternativa energética para El Salvador

Resolver el problema energético para asegurar el desarrollo social, económico y ambiental con equidad y justicia social a todos los habitantes del país sin discriminación y que garantice el derecho de las generaciones futuras requiere partir de la conciencia y reconocimiento de que el planeta está al borde del colapso producto de ese estilo de vida de derroche impuesto por el modelo neoliberal, el cual debe de cambiarse a corto plazo.

Enfoques

- Hacer prevalecer la soberanía energética de los pueblos en todo el ciclo de energía eléctrica (generación, transmisión, distribución, consumo y precio);
- resolver primero las necesidades y demandas del pueblo salvadoreño, luego lo regional;

- mitigación forzosa y adaptación obligada al cambio climático;
- reconocimiento con enfoque de cuencas de las características ecológicas y ambientales particulares del territorio, trabajando con prevención y precaución para su recuperación, conservación y control para evitar su degradación;
- superar las desigualdades socioeconómicas y de género, garantizando el goce de los derechos humanos de la población;
- trabajar la descentralización (no privatización) de los recursos del estado, dando un papel preponderante a las municipalidades, con el acompañamiento permanente de las instituciones nacionales y la participación de la población como artífice y beneficiaria de su propio desarrollo;
- desarrollar una política de integración regional basada en los principios de intercambio y solidaridad, justicia e igualdad;
- recuperar la identidad cultural de nuestros pueblos y cambiar los patrones de estilo de vida de consumismo, encaminado al cambio de civilización, retomando los derechos intergeneracionales y de la naturaleza.

Lineamientos Básicos

Desarrollar a corto plazo un plan ofensivo de eficiencia y ahorro energético con 12 componentes principales:

- plan participado de cambio de bombillos a nivel nacional; son en total 255,098 luminarias (Siget, 2008). Utilizando las LED de 28 watts, se lograría casi 90% de ahorro energético. Cambio de las redes obsoletas y evitar pérdidas de energía. Promover el uso y reparación de electrodomésticos ahorradores de energía;

- revisión y reorientación de las políticas de subsidio de la tarifa de energía. Definir subsidios en las áreas urbanas a partir del consumo per cápita mensual, siendo mayor el costo per cápita si es en zona residencial y menor si es de comunidades pobres;
- desarrollar una política de incentivos a las familias que reduzcan su consumo per cápita, así como a las empresas e instituciones públicas y privadas;
- plan integral nacional de educación ambiental en los ámbitos formal, no formal e informal, con medidas prácticas tendientes a la austeridad y ahorro energético;
- revisión y reorientación de las plantas de generación de energía eléctrica que están en construcción y las que están funcionando, para optimizar su rendimiento y disminuir sus efectos al medio ambiente y al calentamiento global;
- mantenimiento de las 4 megapresas hidroeléctricas, con plan de reforestación y conservación de suelos en las zonas de recarga hídrica de la cuenca alta y media del río Lempa, así como de los principales ríos del país;
- revisión de la Planta Geotérmica. Asegurar que se reduzcan los impactos por la producción y liberación de radón, el cual ha sido encontrado a niveles altos en los campos geotérmicos en el país (radón es un gas radioactivo que se produce en la cadena de desintegración del uranio y el torio y que ocupa el segundo lugar como responsable del cáncer de pulmón después del tabaco), además de otros gases diluidos como el dióxido de carbono, el sulfuro de hidrógeno, el ácido clorhídrico, ácido fluorhídrico, metano y otros que se liberan del agua caliente y que representan un pro-

blema serio[25] para la salud y el medio ambiente de la población de la zona;

- suspender y reorientar el proceso de los proyectos que aún no han sido ejecutados o que están iniciando, como lo es el proyecto El Chaparral, el cual debe convertirse en una micropresa. De esta manera se reduce el costo de inversión y se aprovecha mejor el potencial natural del río sin que éste se degrade, y se beneficia un territorio concreto en la región oriental, sin sacrificar la cultura y estabilidad social de las comunidades que saldrían afectadas con la inundación;
- suspensión del proyecto Planta de Carbón Mineral y Gas Natural, pues es de los más contaminantes generadores de CO_2 y el país no cuenta con las condiciones que dé seguridad a las y los habitantes de La Unión;

Replantear la matriz energética a partir de una política de Estado, en el marco de la adecuación del país ante los embates del Cambio Climático.

Eso debe contemplar:

- priorizar los usos, asegurando el goce del derecho humano de todos los habitantes a la energía eléctrica y a los beneficios que se desprenden de la misma para el cumplimiento de otros derechos humanos. Implementar medidas para superar las desigualdades e inequidades en la distribución y acceso de la energía, garantizando que todas las comunidades, tanto urbanas como rurales, tengan acceso;
- trabajar una base para un sistema energético sustentable que conduzca a una nueva matriz energética que ase-

25 Dina, Ph D. (12/2009). Análisis del Estudio de Impacto Ambiental para el Proyecto Minero Cerro Blanco, Asunción Mita, Jutiapa, Guatemala. Profesora de Geoquímica e Hidrogeología, Departamento de Ciencias Geológicas, Ohio University, Athens, Ohio, USA.

gure la soberanía energética nacional, con el impulso masivo e implementación de diversas tecnologías de generación de energías renovables ambientalmente sustentables a pequeña escala y de forma descentralizada, con la participación de las municipalidades, construidas con y para la gente, desde las comunidades, resguardando los derechos ambientales y culturales de la población y que garantice su distribución al 100% de comunidades.

Para definir el tipo de tecnología energética alternativa en una determinada microrregión o municipio, es necesario desarrollar una línea de investigación desde las municipalidades, mancomunidades o microrregiones de municipios con el acompañamiento de las entidades nacionales y la participación de los sectores y actores locales, definiendo los niveles de descentralización en la generación, distribución y transmisión, basándose para ello en experiencias exitosas de América Latina y el Caribe.

Entre éstas citamos las siguientes:[26] Microcentrales de energía solar térmica o fotovoltaica; microcentrales de energía eólica; microempresas hidroeléctricas, aprovechando el potencial natural de los ríos sin afectar ni desalojar a la población de las comunidades circundantes; microcentrales a partir de las olas del mar; microplantas de bioenergía a partir de los bagazos de caña de cultivos existentes, desechos orgánicos sólidos y líquidos (residenciales, industriales, agropecuarios), uso sustentable de la leña de bosques energéticos para los hogares rurales o semirurales con cocinas eficientes.

- *Impulsar el ordenamiento ambiental del territorio, la planificación ambiental* del desarrollo de manera integral e integrada, conservando además otros recursos

[26] Movimiento de Pequeños Agricultores (MPA-PR). Energías Renováveis. Posibilidades de Produção e uso nos Sistemas Camponeses de Produção, 2009.

fundamentales para el goce de los derechos humanos de las y los habitantes del país, como es el agua con calidad y en cantidad necesaria para una vida digna, el suelo, la biodiversidad, el oxígeno, la soberanía y seguridad alimentaria etc.

- *Adecuación de la Legislación existente* y aprobación de nueva Ley Marco sobre Cambio Climático y la reorientación energética que viabilice una transición hacia un sistema energético sustentable.
- *Fortalecimiento de las instituciones del Estado a nivel nacional y principalmente las municipalidades* en función de aplicar correcta y ofensivamente la reorientación energética, así como las medidas de mitigación forzosa y adaptación obligada del Cambio Climático.
- *Estudiar la posibilidad de crear una Comisión Nacional para la Sustentabilidad* que cuente con recursos como un Fondo Nacional Interinstitucional para la Sustentabilidad y contribución a la adaptación y mitigación del cambio climático a través de potenciar entre otros aspectos, los siguientes: ahorro y eficiencia energética, mejorar la calidad y disponibilidad, la distribución y acceso equitativo del agua, fortalecer y ampliar las áreas naturales protegidas, gestión integral de los desechos sólidos y líquidos, educación y concientización ambiental formal, no formal e informal, soberanía y seguridad alimentaria para toda la población, reorientación de la agricultura convencional a la agricultura orgánica, soberanía energética y reducción del impacto social ambiental de las tecnologías adoptadas por el país en los territorios.
- *Crear un Observatorio Nacional* de la eficiencia y ahorro energético, la mitigación forzosa y adaptación obligada y de la sustentabilidad.

Todo lo anterior requiere declarar por rango Constitucional: "Patrimonio del Estado y bien público no privatizable" los bienes fundamentales para la vida como el hídrico, energéticos y energía generada, oxígeno, bosques, biodiversidad, semilla nativa para la soberanía y seguridad alimentaria.

Indicaciones político-pedagógicas

El esfuerzo por realizar no será fácil y requerirá del concurso de todas y todos, por lo que es importante que el partido FMLN, esperanza del pueblo, profundice sus acciones de formación de líderes y lideresas jóvenes en el conocimiento de este tema y lo amplíe a todos los niveles de manera organizada y sistemática, para que toda su militancia, desde la base hasta su dirigencia, así como sus simpatizantes, tomen conciencia de la urgencia planteada para salir de esta crisis sistémica. Seguir impulsando el proyecto político por el cual miles de personas ofrendaron lo más preciado, que es la vida.

Referencias

AGUILAR, Y. Estudio de Opciones de Mitigación de GEI en el Sistema Energético de El Salvador, 2009.

ALTOMONTE, H. Eficiencia energética en América Latina y el Caribe: Situación y perspectivas. Cepal. Oficial a Cargo de la División de Recursos Naturales e Infraestructura. II Seminario Latinoamericano y del Caribe de Eficiencia Energética. OLADE, La Habana, 2009.

BEISTEIN, J. Artículo "En la Ruta de la Decadencia hacia una Crisis Prolongada de la Civilización Burguesa". Observatorio Internacional de la Crisis. Depto. Ecuménico de investigaciones. Costa Rica, C.A, 2009.

BULLÓN MIRÓ, F. El Mundo ante el Cenit del Petróleo. Informe sobre la cúspide de producción del petróleo. Asociación para el Estudio de los Recursos Energéticos, enero-2006.

CEPAL-PNUD. Contribución de los servicios energéticos a los objetivos del milenio y a la mitigación de la pobreza en América Latina y el Caribe.

CMR (Comisión Mundial de Represas). Represas y Desarrollo. Un nuevo marco para la toma de decisiones. Informe final de la Comisión, 2000.

DARCY V. En Torno al Medio Ambiente, una Revisión de Cuatro Debates. *Espiral, Estudios sobre Estado y Sociedad*, 2008.

DÁVILA, C. L. Vicepresidente del Consejo de Estado de la República de Cuba. Discurso pronunciado en la V Cumbre de Petrocaribe. Maracaibo, Venezuela, 13 julio 2008.

ENGEL, Richard. Presentación: "Energía renovable, sustentable, limpia o verde?" Schatz Energy Research Center/Universidad Don Bosco. El Salvador, 2010.

FAO. Informe sobre el Estado Mundial de la Agricultura y la Alimentación, 2009.

FERRATÉ, Luis Alberto. Impactos del Cambio Climático en Guatemala. Conferencia magistral dada en el II Encuentro Regional de Vicepresidentes de Centroamérica y República Dominicana. Ciudad de Guatemala, 6 de noviembre 2009.

FRENTE FARABUNDO MARTÍ PARA LA LIBERACIÓN NACIONAL. Análisis sobre el Proyecto Presa El Chaparral. Grupo Parlamentario, Comisión de Salud y Medio Ambiente. Manuscrito no publicado, 2009.

FRENTE FARABUNDO MARTÍ PARA LA LIBERACIÓN NACIONAL. Documento de Debate frente al Cambio Climático. Manuscrito no publicado, 2009.

FRENTE FARABUNDO MARTÍ PARA LA LIBERACIÓN NACIONAL. Programa de Gobierno 2009-2014. "Nace la Esperanza, Viene el Cambio", 2008.

GUÍA CENTROAMERICANA DE FINANCIAMIENTO DE CARBONO. (no aparece autor/a).

HONRUBIA HURTADO, A. Neoliberalismo y desarrollo, la historia de un fracaso anunciado. Rebelión. Edición online El Economista, de Cuba, 2009.

LARIOS LÓPEZ, D. Análisis del Estudio de Impacto Ambiental para el Proyecto Minero Cerro Blanco, Asunción Mita, Jutiapa, Guatemala. Profesora de Geoquímica e Hidrogeología, Departamento de Ciencias Geológicas, Ohio University, Athens, Ohio, USA, 2009.

LA PRENSA GRÁFICA. Periodista Mariana Belloso/Irene Valiente. página 32, 2009.

LEFF, E. Los Problemas del Conocimiento y la Perspectiva Ambiental del Desarrollo, 1986.

LINDO FUENTES, H. "El Impacto del Calentamiento Global en al Cuenca del Río Lempa". Disponible en: elfaro.net, 19 de Octubre 2009.

MOVIMENTO DOS ATINGIDOS POR BARRAGENS. Cartilha de Estudo: Hidrelétricas no Rio Madeira: Energia para quê? E para quem? 2ª Edición, 2008.

MARTÍNEZ, M.G. Algunas Consideraciones sobre la Actual Crisis del Capitalismo, 2009. Disponible en: www.correntroig.org/spip.php?article1120

MAURER E. P.; ADAM J. C.; WOOD, A. W. Climate model-based consensus on the hydrologic impacts of climate change to the Rio Lempa basin of Central America. Hydrol. Earth Syst. Sci., 13, 183-194, 2009. Disponible en: www.hydrol-earth-syst-sci.net/13/183/2009/

MOVIMIENTO DOS PEQUENOS AGRICULTORES. Energias Renováveis. Possibilidades de Produção e uso nos Sistemas Camponeses de Produção, 2009.

MISEREOR. La "bioenergía". Entre el Cambio Climático y la Lucha contra la Pobreza. Aquisgran, 2007.

PNUD. Informe de Desarrollo Humano 2007-2008.
PROCURADOR PARA LA DEFENSA DE LOS DERECHOS HUMANOS. Posicionamiento en relación a la construcción de la Presa El Chaparral, 2009.
QUIÑONEZ B., Julio César. Problemática Hídrica Ambiental de la Construcción de la Presa Hidroeléctrica El Cimarrón, El Salvador, C.A. Montpellier, Francia, 1-4 Septiembre 2008. Trabajo de investigación seleccionado y presentado en XIII Congreso Mundial del Agua, 2008.
SUPERINTENDENCIA GENERAL DE ELECTRICIDAD Y TELECOMUNICACIONES. Análisis del Proyecto Hidroeléctrico El Chaparral, 2009.
Unes (UNIDAD ECOLÓGICA SALVADOREÑA). Acerca de Una Nueva Política de Energía Eléctrica. Documento inédito preliminar para discusión. Manuscrito no Publicado, 2009.
URKÍA, L, I y S. Energía Renovable Práctica. Asociación TIA (Taller de Investigación Alternativa). Edición Pamiela. Navarra, 2003.
VIVES, J.A.T. Apuntes sobre fuentes renovables de energía.

Páginas WEB consultadas

Revista electrónica de información. Fundación Eroski. www.fundacioneroski.es

www.terra.org/diario/art01432.html La importancia de medir las cosas. (9 dic. 2005)

www.elperiodista.cl/newtenberg/1883/article-75684.html

El Oko Institut, de Alemania, y la Agencia Internacional de Energía de Naciones Unidas

www.emb.cl/electroindustria/articulo.mv?xid=307&rank=1

www.circuloastronomico.cl/energia/energia3.html#8 El editor y responsable de estas páginas es el escritor científico Jorge Ianiszewski R. Basado en un documento de Ecosistemas, mitos sobre las represas hidroeléctricas y el proyecto de hidroaysén

http://ipsnoticias.net/nota.asp?idnews=41136

www.madrimasd.org publicado por Juan José Ibañez, 2007

www.monografias.com. María Incaurgarat. mery@olavarria.com

Wikipedia la Enciclopedia Libre. Enciclopedia digital. Combustibles fósiles, energía nuclear y energías renovables.

TRANSFORMAÇÕES NA POLÍTICA DE CONTEÚDO LOCAL E OS IMPACTOS GERADOS NA INDÚSTRIA PETROLÍFERA BRASILEIRA

INGRID PEREIRA DE MORAES SILVA

O presente artigo tem como objetivo abordar um panorama da implementação da política de conteúdo local (CL) em território brasileiro, com destaque para as recentes alterações impostas em suas regras de funcionamento, as consequências geradas para o mercado petrolífero e os impactos disso no desenvolvimento da indústria nacional.

Constata-se que o setor de petróleo e gás é o segundo principal na economia brasileira no que tange à geração de renda, emprego e tecnologia (Cardoso; Furno, 2020). Ao lado da reflexão acerca de um projeto nacional de desenvolvimento para o país, a política de CL apresenta grande potencialidade de contribuir com o crescimento econômico e com maior poder de compra da população, mas principalmente com o adensamento de uma cadeia produtiva ligada a um setor estratégico na geopolítica mundial, dada a importância do petróleo enquanto recurso energético fundamental atualmente.

Ao longo deste estudo são resgatadas, portanto, as bases para a discussão e análise dos impactos positivos e das limitações da exigência de aquisição de bens e serviços no território nacional por parte das operadoras do setor de petróleo e gás. Por fim, é constatado que certamente essa é uma ferramenta que só atingirá o objetivo de complexificação da cadeia produtiva doméstica enquanto parte de um plano estratégico de desenvolvimento nacional.

Importância da Petrobras como indutora do desenvolvimento nacional

O Brasil é um país abundante em recursos naturais e cada vez mais, principalmente após a descoberta do pré-sal, tem se posicionado como um dos maiores detentores de reservas de petróleo no mundo. A formação econômica e social do país tem como marca a desigualdade social e a dependência externa, frutos da consolidação de um capitalismo dependente que, por sua vez, de acordo com a Divisão Internacional do Trabalho (DIT),[1] reserva à periferia a função primário-exportadora de matérias-primas de baixo valor e tecnologia agregados.

Entre as décadas de 1930 e 1980 foi implantada uma política econômica desenvolvimentista no Brasil com enfoque industrial, conduzida pelo Estado, para a superação do subdesenvolvimento. Nesse contexto, em 1953, foi criada a Petrobras, fruto de reivindicações da sociedade em torno da defesa do petróleo enquanto riqueza que deveria gerar investimentos nacionais e melhorias nas condições de vida do povo. Segundo Cardoso e Furno (2020), assim como o desenvolvimento do modo de produção capitalista foi fortemente marcado por uma relação

1 A Divisão Internacional do Trabalho é a especialização produtiva dos países e das regiões na intensificação das trocas. Essa especialização das funções econômicas é um reflexo da solidificação da globalização. Também é uma divisão de produção no cenário mundial entre os países desenvolvidos e subdesenvolvidos, conhecidos como emergentes. Os primeiros exportam tecnologia, empresas e produtos industrializados, os segundos assumem o papel de exportadores de matéria-prima e venda de mão de obra barata.

umbilical entre as companhias petrolíferas e seus respectivos Estados nacionais, no Brasil o petróleo permitiu a passagem do modelo de organização societária de traços agrários para um modo de produção urbano-industrial. A Petrobras foi, portanto, parte decisiva na indução do desenvolvimento nacional, pelo seu enorme poder de compra, na mobilização de importantes segmentos industriais e de serviços, tais como o setor metalomecânico, naval, petroquímico, de engenharia pesada, construção, dentre outros.

O setor petroleiro foi importante para o processo de Industrialização por Substituição de Importações (ISI) adotado na segunda metade do século passado pelo Brasil. Nas primeiras décadas após sua criação, a Petrobras, principal ator da indústria no Brasil, serviu como um instrumento para a consolidação da indústria de bens de capital sob encomenda (Ribeiro; Furtado, 2006). A ideia que se tinha era de que uma maior internalização da indústria de petróleo e gás natural diminuiria o estrangulamento externo do país.

Enquanto indutora de desenvolvimento, diante da restrição de divisas, a Petrobras adotou uma política de estímulo à indústria de bens de capital do Brasil. Desse modo, acelerou e consolidou uma cadeia produtiva relacionada aos serviços adjacentes aos processos de produção, extração, transporte e pesquisa.

De acordo com Ribeiro e Furtado (2006), entre 1950 e 1960 a Petrobras ampliou suas compras de materiais e equipamentos entre fornecedores brasileiros. Estes foram utilizados na ampliação das refinarias existentes e na construção das novas – Gabriel Passos, inaugurada em 1968, em Belo Horizonte (MG), e Alberto Pasqualani, inaugurada no município de Canoas (RS) também em 1968.

Apesar da ruptura democrática pós-1964, o desenvolvimentismo não foi imediatamente revertido. O Estado manteve seu papel indutor, porém sob uma vertente conservadora e socialmente regressiva, distinta dos modelos de Vargas, Juscelino Kubitschek e João Goulart. Entre 1968 e 1973, o crescimento do produto interno bruto (PIB) alcançou índices expressivos, sustentado pelo achatamento salarial, repressão institucionalizada e hiperexploração da força de trabalho.

O Plano Nacional de Desenvolvimento (PND), instituído durante a ditadura militar, que englobava um período de cinco anos (1974-1979), encerrou as importações de itens que pudessem ser fabricados no país ou que tivessem similar nacional. Em consequência, atingiu resultados expressivos nos investimentos na indústria nacional de petróleo e gás natural durante as décadas de 1970 e 1980 (Souza, 1997).

Segundo Souza (1997), a ISI era limitada com relação à capacitação tecnológica. Essa barreira foi ultrapassada por um instrumento de política tecnológica criado em 1974, chamado Núcleos de Articulação com a Indústria (NAIs): tratava-se de um instrumento de governo para relacionar os fornecedores locais com os projetos de investimentos da Petrobras, estimulando, assim o desenvolvimento tecnológico local.

Para atingir a autossuficiência, a Petrobras desenvolveu o programa Produtos Pioneiros para acelerar a modernização dos seus equipamentos. O programa comprava produtos com preços acima dos praticados internacionalmente, como forma subsidiária indireta para a atividade tecnológica do fornecedor nacional, a fim de incentivar a substituição de importações, o desenvolvimento de fornecedores locais e o fomento à tecnologia brasileira (Alonso, 2004).

Em meados de 1980, a Petrobras avançou no sentido de concretizar sua autossuficiência a partir da descoberta de novos reservatórios expressivos em águas profundas; até então, importava-se praticamente metade do petróleo consumido.

Esse novo momento trouxe para a empresa o desafio de adquirir *expertise* e tecnologias para operar processos novos de produção de petróleo em águas profundas. Devido às características sedimentares e à falta de *know-how* dos fornecedores nacionais na construção de plataformas e sistemas de produção marítimos, a estatal brasileira adquiriu equipamentos, materiais e serviços de empresas estrangeiras, baixando o índice de compras nacionais para o patamar de 52% (Cardoso, 2017).

O que atualmente é uma *expertise* reconhecida mundialmente não poderia ter ocorrido sem o planejamento estratégico estatal. A extração em águas profundas ainda assegurava alto grau de imprevisibilidade e gastos, quando no mundo as jazidas em terra predominavam quase que por completo. Para operar a produção de petróleo em águas profundas, a operadora iniciou um processo de aprendizagem por meio do desempacotamento da tecnologia e, posteriormente, um movimento de criação de inovações tecnológicas, com a participação do Centro de Pesquisa da Petrobras (Cenpes).

Segundo Ribeiro (2005), a Petrobras conseguiu alavancar a capacidade de fornecimento local de petróleo com a nova estratégia adotada, porém a medida não contemplou a capacitação dos seus fornecedores, fazendo com que eles apenas replicassem tecnologias desenvolvidas pela estatal ou por empresas estrangeiras. Eram raros os casos em que a Petrobras encomendava de um fornecedor local o desenvolvimento de um novo produto que não estivesse sendo usado.

Assim, é verificada a debilidade do programa de substituição de importações promovido pelo governo brasileiro: a perpetuação da dependência tecnológica do parque produtivo local.

A década de 1990 abre um período de uma primeira avalanche neoliberal em todo o mundo, tendo como consequência a perda do monopólio estatal da empresa, que passa a abrir parte do seu capital e aplicar rodadas de concessão de exploração e produção do petróleo brasileiro a empresas estrangeiras. Cardoso e Furno (2020) trazem como consequências desse período elementos como a desmontagem da engenharia da empresa e sua saída do ramo da petroquímica, que atestavam uma política de apequenamento da empresa e as tentativas de operar sua desverticalização. Além disso, são elencados o aumento das importações, a perseguição na contratação de soluções *turn key*[2] para os projetos de engenharia nacional, junto às grandes empresas multinacionais, prejudicando a estrutura de oferta dos fornecedores locais.

A entrada de capitais estrangeiros seria um componente necessário do novo modelo em que a presença da empresa estrangeira representaria um fortalecimento da economia nacional. Segundo essa linha de argumentação, a origem do capital perde relevância em face da contribuição que a empresa estrangeira poderia dar. Essa argumentação bem pragmática é o eco da definição de empresa nacional adotada na Constituição de 1988 como "aquela que está no país, investindo, produzindo e criando oportunidade de emprego". Segundo as posições mais críticas quanto à política de liberalização econômica então adotada, como as do Instituto de Estudos para o Desenvolvimento Industrial (Iedi), essas mudanças acarretaram sérios prejuízos ao parque industrial brasileiro, assim como o processo de privatização teria apresentado falhas graves ao conceder vantagens ao capital estrangeiro em detrimento da empresa brasileira (Hasenclever; Piquet; Shimoda, 2016).

Em agosto de 1997, foi promulgada a Lei n. 9478, chamada Lei do Petróleo, com o objetivo de encerrar o monopólio do petróleo por parte da Petrobras, mais especificamente as

---

2 *Turn key* é uma modalidade de contratação de fornecedores em que a empresa escolhida para a realização do serviço é responsável por todas as etapas do projeto, até a entrega das chaves para o contratante.

atividades de exploração e produção (E&P) de petróleo. No mesmo ano, foram criados o Conselho Nacional de Política Energética (CNPE) e a Agência Nacional do Petróleo, Gás Natural e Biocombustíveis (ANP). O primeiro é formado por componentes de alguns ministérios e seu papel é estabelecer a política nacional de energia. Já o papel da ANP é regular as atividades petrolíferas de todo o país. A partir de então, foram iniciadas as rodadas de licitação, com a chamada rodada zero, na qual os direitos da Petrobras de explorar petróleo no Brasil foram ratificados a partir da assinatura de contratos de concessão. Em julho de 1999, foi criada a Organização Nacional da Indústria de Petróleo (Onip), com a missão de ampliar a capacidade do setor brasileiro de óleo e gás, a fim de torná-lo globalmente competitivo, a partir da comunicação que promove entre fornecedores locais de bens e serviços do setor, empresas petroleiras e órgãos governamentais, garantindo que esses fornecedores tenham as mesmas oportunidades que os estrangeiros (Santos, 2013).

Com a abertura da economia e a sobrevalorização do câmbio a partir de 1990, ocorreu uma reversão de fluxo de compras, passando a um aumento de importação de tecnologias incorporadas e, em consequência disso, percebeu-se um recuo nas encomendas feitas pela Petrobras aos fornecedores locais, ou seja, na nacionalização das compras (Ribeiro; Furtado, 2006).

O processo de abertura das operações, nesse contexto, embora fosse propagandeado como fundamental para a atração de investimentos e o incremento tecnológico, revelou uma desaceleração da indução de desenvolvimento local e nacional em cadeia.

Na década de 1990, momento em que a indústria nacional se encontrava cronicamente enfraquecida, a Petrobras aumentou sua demanda por fornecedores locais. Pela escassez na oferta, essas transações foram redirecionadas a fornecedores internacionais, o que foi proporcionado pela abertura da economia brasileira (Cardoso, 2017).

No final dos anos 1990 e início dos anos 2000, percebe-se um grande atraso e dificuldades dos contratantes principais nos projetos *turn key*, fator que levou a Petrobras a reavaliar sua estratégia de externalização (Cardoso, 2017). Neste cenário, segundo Ribeiro (2005), a Petrobras procurou readquirir um maior controle sobre a parte de engenharia e elaborou uma modalidade de relacionamento com seus parceiros, em que ela passa a ser a responsável pelos testes do que foi fornecido.

Como exemplo, podemos observar as licitações das plataformas P-51 e P-52, que confirmam a intenção da Petrobras de reverter o modelo *turn key* para retornar a elevar o grau de conteúdo nacional. Dessa forma, o grau de nacionalização nessas etapas era de 75%. Já os serviços de engenharia, construção e montagem tiveram um grau de nacionalização de 60%, o que confirma a postura da operadora em desempacotar e em internalizar a maior parte de seus empreendimentos, indo ao encontro do estipulado pelo Ministério de Minas e Energia (MME) no governo Lula (Cardoso, 2017).

A cadeia de fornecimento de bens e serviços para a exploração e desenvolvimento da produção de petróleo e gás representava, em 2014, 3,7% do PIB total da economia e empregava cerca de 700 mil pessoas, incrementando 0,7% do emprego formal do país (Santos, 2013).

Em 2014, a cadeia produtiva de petróleo e gás (P&G) no Brasil abrigava 2.630 empresas, que respondiam por R$ 9,6 bilhões em PIB, 115 mil empregos e R$ 5 bilhões em salários. Esse conjunto de setores investia 9% do faturamento (42% acima da média da indústria de transformação) e pagava salários 51% acima da média da indústria de transformação.

Tabela 1. Estrutura dos setores industriais selecionados, fornecedores do mercado de P&G

Indicadores	Setores industriais selecionados,* fornecedores do mercado P&G (2014)	Observação
Empresas	2.630	0,75% da indústria de transformação
PIB	R$ 9,6 bilhões	1,43% da indústria de transformação
Trabalhadores	115.550	1,5% da indústria de transformação
Massa salarial anual	R$ 5,1 bilhões	2,25% da indústria de transformação
Taxa de investimento - % do faturamento	9,0%	42% maior que na indústria de transformação: 6,3%
Salário médio mensal	R$ 3.403,26	51% maior que na indústria de transformação: R$ 2.257,53

Fonte: PIA-IBGE; SCN-IBGE; RAIS-TEM. Elaboração: Decomtec-Fiesp.
* Correspondente às CNAES 28.29, 28.51 e 30.11.

A condição de diferença entre os modos em que as economias centrais e periféricas participam da economia revela que nível de domínio de cadeias produtivas é necessário para haver um equilíbrio entre esses polos.

> Nos países que buscam escapar da condição de simples provedores de recursos primários para os países centrais, além do domínio das etapas de exploração e produção, o refino, a indústria petroquímica e o estímulo aos fornecedores de bens e serviços significam uma estratégia de crescimento vista como capaz de conduzi-los à agregação de valor e diversificação na cadeia produtiva. É no segmento de fornecedores de bens e serviços que se concentram os maiores efeitos multiplicadores de renda e emprego, uma vez que compreende diversificada produção de componentes, indo desde equipamentos e peças de alta tecnologia até as de confecções simples. Neste segmento, a escala e a especificidade dos materiais e serviços necessários são tantas que raros países podem oferecer competitivamente em sua totalidade. Esta é a razão pela qual as empresas mundiais, líderes do fornecimento de bens e serviços de alta tecnologia para o setor, atuam em praticamente todos os países produtores de petróleo e gás – P&G. (Hasenclever; Piquet; Shimoda, 2016)

Diante da concorrência desigual entre as empresas nacionais e as multinacionais, tanto o governo federal, por meio do CNPE e da ANP, como as entidades representativas dos interesses do empresariado nacional vêm, desde 1999, definindo uma Política de Conteúdo Local com o objetivo de regular as oportunidades entre as empresas locais e as estrangeiras (Hasenclever; Piquet; Shimoda, 2016).

O Brasil enfrenta hoje um dilema crucial sobre seu projeto de nação e desenvolvimento: consolidar uma indústria integrada em redes tecnológicas de ponta ou persistir em um modelo extrativista, explorando recursos naturais sem agregar valor. Assim, residirá num lugar de subordinação aos poderosos oligopólios petroleiros que há muito tentam, inclusive, reverter ou se aproveitar do relevante domínio da Petrobras em extração de águas profundas.

> Desde sua criação, em 1953, a Petrobras foi levada ao desenvolvimento de tecnologias a fim de suprir uma defasagem evidente, já que todos os projetos iniciais de refinaria e instalações eram obtidos por meio de tecnologia externa. O trabalho contínuo de engenharia e de profissionais afins qualificados e as iniciativas de P&D [pesquisa e desenvolvimento] propiciaram ao país domínio e inovação na tecnologia do petróleo e nos setores fornecedores desta indústria. [...] Os conhecimentos que a Petrobras acumulou tornaram o Brasil líder mundial na área de tecnologia petroleira em águas profundas e, também, geraram externalidades por capacitar seus fornecedores. (Hasenclever; Piquet; Shimoda, 2016)

Em 2010, foi instituído o regime de partilha, após a descoberta do polígono do pré-sal, em 2007. O regime foi estabelecido, segundo a ANP, para preservar o interesse nacional. Com esse modelo, a Petrobras participa, ao lado de outras empresas, da exploração de recursos, de forma acordada em licitações. As empresas vencedoras das licitações são aquelas que oferecem ao Estado brasileiro a maior parcela de petróleo e gás natural, ou seja, a maior parcela do excedente em óleo.

O regime de partilha apresenta algumas diferenças significativas em relação aos contratos de concessão, como, por exemplo, a obrigatoriedade de a Petrobras ser operadora do bloco em questão. Para isso, dois casos são admitidos. No primeiro, a Petrobras é indicada diretamente sem participar de licitação; já no segundo, a Petrobras participa de consórcio com outra(s) empresa(s), mas deverá exercer o papel de operadora e deverá ser detentora de, no mínimo, 30% do bloco.

Neste momento histórico, demarcado pela descoberta do pré-sal, foi criada a empresa pública Pré-Sal Petróleo S.A. (PPSA), que tem a função de defender os interesses da União nos comitês em que são tomadas as grandes decisões, sem participar da divisão dos custos e dos lucros. Além disso, metade desses comitês deverá ser composta, obrigatoriamente, por membros representantes da PPSA.

> Com isso, surgiu a possibilidade, por exemplo, de reativar o setor naval, que passaria por uma nova curva de aprendizagem, para gerar uma capacidade produtiva que pudesse, em um segundo momento, tornar-se independente da demanda da Petrobras e concorrer internacionalmente. Isso implicava a necessidade de se garantir mecanismos de financiamento para a ampliação da capacidade instalada para a construção de plataformas, navios petroleiros e os próprios estaleiros. (Schutte, 2021)

Esse conjunto de elementos se liga ao amadurecimento da Política de Conteúdo Local. Atualmente, a Petrobras é responsável pela maior parte das compras das empresas estatais brasileiras. Além disso, a estatal do petróleo acaba sendo um mecanismo de ação do governo na promoção de incentivos para o desenvolvimento de setores industriais, por meio da política de conteúdo local.

Breve histórico da Política de Conteúdo Local no Brasil

Um dos dilemas centrais do Brasil diz respeito à falta de um projeto de desenvolvimento nacional e soberano. Sua vasta disponibilidade de bases naturais historicamente tem gerado disputas pelo direcionamento da riqueza produzida pela sua exploração. O petróleo é a principal fonte de energia no mundo atualmente, sendo utilizado tanto na produção como no transporte das mercadorias. Nas atuais condições, é, portanto, um energético vital no mundo moderno. A estratégia em torno da indústria de petróleo e gás no país passou por diversos direcionamentos, ora assumindo papel protagonista no fortalecimento das bases industriais nacionais, ora servindo como mera estrutura de extração e exportação de matérias-primas em prol da acumulação de riquezas por parte de empresas estrangeiras.

A Política de Conteúdo Local, que consiste na exigência de que uma proporção dos investimentos aplicados a um determinado bem ou serviço seja feita em território nacional, é comumente aplicada em países com grandes reservas petrolíferas. Na literatura especializada, o caso norueguês é extensamente abordado em paralelo à experiência brasileira. Recentemente, a Arábia Saudita, o maior produtor de petróleo do mundo, estabeleceu regras de 70% de conteúdo local.

Haja vista que a Noruega tenha uma formação econômica e social completamente diferente da brasileira, ocupando um lugar extremamente diverso na divisão internacional do trabalho, o estudo do que foi desenvolvido ali em âmbito da política de conteúdo local pode contribuir na análise dos limites e potencialidades dessa ferramenta enquanto parte de uma estratégia de Estado mais geral para o desenvolvimento de uma base industrial interna fortalecida.

Segundo Schutte (2021), a partir da exploração de petróleo no mar do Norte na década de 1970, houve uma forte intervenção estatal que visava maximizar o aproveitamento das novas riquezas. Tratava-se especificamente de uma tentativa de estimular o adensamento das cadeias produtivas nacionais. Dessa forma, foram criadas estatais responsáveis pela exploração do petróleo e pelo esforço nacional de desenvolvimento e apoio à cadeia de fornecedores nacionais. Além disso, construíram uma política de Estado que gerasse, no curto prazo, emprego e renda, mas com prioridade a longo prazo na inovação e qualificação tecnológica, no fortalecimento da engenharia nacional e criação e parceria com instituições de pesquisa.

Alves (2020) relata que, no começo, "como as empresas norueguesas não tinham o *know-how* necessário para administrar toda a estrutura, empresas estrangeiras foram contratadas para prover *expertise* técnica, além de supervisionar a transferência tecnológica". Com o tempo, as empresas fornecedoras nacionais ganharam maturidade para gerir o setor, inclusive para exportar serviços para outros países, tendo hoje a cadeia de produtos e serviços de gás e petróleo como um setor responsável por uma fatia de 21,5% do PIB e 48,9% das exportações do país.

Portanto, a política de conteúdo nacional visa ampliar a utilização de equipamentos, tecnologia e mão de obra nacionais na busca de promover o adensamento da cadeia produtiva e o desenvolvimento tecnológico de uma nação. Segundo Hasenclever, Piquet e Shimoda (2016), torna-se claro que o recurso a essa política decorre da avaliação de que a participação desejada não seria alcançada pela própria dinâmica do mercado.

> Essa intervenção do Estado se justifica para alcançar objetivos tais como a consolidação da política econômica ou a construção de segmentos relevantes do ponto de vista da defesa nacional, sendo possível identificar duas linhas de atuação assumidas pelos formuladores dessa política: i) objetivo de natureza macroeconômica, que busca o fortalecimento do mercado doméstico e a expansão do emprego e ii) objetivo de

> longo prazo visando à diversificação do parque manufatureiro ou ao desenvolvimento de setores intensivos em tecnologia e de elevado potencial de crescimento. (CNI, 2012)

Schutte (2021) identifica três abordagens de valoração da Política de Conteúdo Local (PCL). Na abordagem liberal, ela é rejeitada por supostamente gerar distorções no desenvolvimento produtivo ao criar uma reserva de mercado a produtos de menor qualidade e preços maiores. Em uma segunda abordagem, a PCL serviria para corrigir falhas do mercado, que não tenderia a fomentar o aumento da participação das empresas nacionais diante da expansão da demanda, por ineficiências em seu funcionamento. Já em uma perspectiva desenvolvimentista, o desafio iria além da correção de falhas de mercado, havendo um problema estrutural que exige um forte compromisso do Estado para garantir o aproveitamento da oportunidade para investimentos industriais, gerando escala e apropriando-se da capacidade tecnológica.

No caso do Brasil, desde a sua criação, em 1953, a política de compras da companhia se dava em um contexto nacional-desenvolvimentista, fundamental para o surgimento de um parque nacional de produção de equipamentos e serviços. Com a desnacionalização do setor, institucionalizada pela Lei do Petróleo, que estabelece a quebra do monopólio da Petrobras e da regulamentação do setor em 1997, foram introduzidos mecanismos brandos para a defesa da indústria nacional diante do processo de abertura que formatava, muito sob pressão da indústria, em particular da Federação das Indústrias do Estado do Rio de Janeiro (Firjan). O resultado foi uma PCL tímida, com índices gerais baixos e sem muita fiscalização. Além disso, foi operada por parte da Petrobras uma política de terceirização que atingiu fortemente as atividades de inovação e de engenharia (Schutte, 2021).

Cabe ressaltar que, neste contexto, foi criada a Onip, no ano de 1999, uma organização não governamental que reuniu os interesses dos empresários nacionais e estrangeiros ligados à cadeia produtiva do petróleo em operação no Brasil. Foram implementadas ações em defesa de requisitos às empresas estrangeiras quanto à utilização de componentes locais, protegendo a cadeia produtiva já instalada (fabricantes de materiais, de equipamentos, e prestadores de serviços para P&D, nos subsetores de prospecção sísmica, de perfuração de poços, de fabricação e montagem de plataformas *offshore*, de construção de bases portuárias de apoio logístico à produção no mar e de expansão das redes de dutovias para óleo, gás e derivados) (Hasenclever; Piquet; Shimoda, 2016).

Mesmo com esses esforços direcionados pela Onip e por setores empresariais, a Política de Conteúdo Nacional era um fato de pouco peso no conjunto dos leilões de áreas petrolíferas, e não havia mínimos nem máximos exigidos pelas operadoras (Cardoso; Furno, 2020). De 1999 a 2004, as empresas declaravam o que havia sido realizado com conteúdo local, sem exigências de investimento mínimo ou fiscalização acerca da real origem dos bens declarados como nacionais.

A partir de 2005, as regras de conteúdo local passaram a ser mais específicas, com a adoção da Cartilha de Conteúdo Local e fiscalização pela ANP dos percentuais, gerando multa às operadoras no descumprimento das taxas preestabelecidas. Nesse período, segundo Cardoso e Furno (2020), a Petrobras foi alçada ao centro da política industrial, com o entendimento de que a atividade petrolífera seria um "meio" de mobilização da cadeia produtiva, e não um "fim" em si mesmo. A perspectiva era que a Petrobras retomasse seu papel de indutora do desenvolvimento, não só da cadeia de petróleo e gás, mas também do crescimento brasileiro como um todo.

No estudo desenvolvido por Cardoso (2017), é feito um levantamento da evolução do conteúdo local médio nas rodadas licitatórias, como evidenciado no Gráfico 1:

Gráfico 1. Evolução do conteúdo local médio nas rodadas licitatórias (em %)

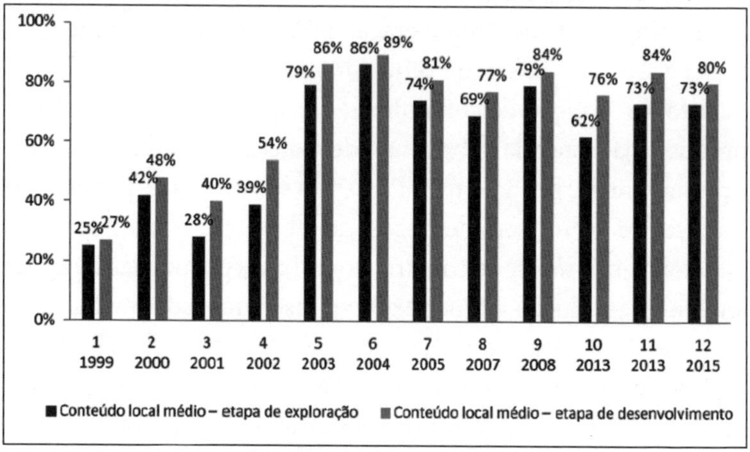

Fonte: elaboração própria com dados ANP.

A partir da quinta rodada de licitações, realizada em 2003, fica evidente o redirecionamento das exigências do Estado com relação aos percentuais mínimos para aquisição de bens e serviços brasileiros destinados a blocos terrestres, blocos localizados em águas rasas e blocos em águas profundas. Segundo Schutte (2021), sobretudo a partir da sétima rodada de licitações, organizada em 2005, a Política de Conteúdo Local ganhou em rigor e complexidade com o estabelecimento de índices obrigatórios e com limites mínimos e máximos. Foram criadas diferenciações por itens e subitens, com uma metodologia elaborada para a identificação da origem de fabricação dos componentes de cada equipamento e do valor dos insumos importados em comparação com o valor total. Também foi criado um sistema de fiscalização exigindo uma certificação emitida por empresa independente credenciada pela ANP. Foi somente a partir do momento em que o não cumprimento dos números acordados gerou algum tipo de penalidade que a quantidade de levados a leilão passou a ser mais conservadora e realista (Santos, 2013).

Tabela 2. Percentuais mínimos e máximo de CL nas diferentes rodadas

Classificação	Profundidade	Exploração		Desenvolvimento	
		Mínimo	Máximo	Mínimo	Máximo
Rodadas 5 e 6					
Águas profundas	Mais de 400 m de lâmina d'água	30%	-	30%	-
Águas rasas	Até 400 m de lâmina d'água	50%	-	60%	-
Terra	-	70%	-	70%	-
Rodadas 7 a 10					
Águas profundas	Mais de 400 m de lâmina d'água	37%	55%	55%	65%
Águas rasas	Até 400 m de lâmina d'água	37%	55%	55%	65%
Águas rasas	Até 100 m de lâmina d'água	51%	60%	63%	70%
Terra	-	70%	80%	77%	85%

Fonte: ANP (2003 e 2005).

Segundo documento elaborado pela Fiesp:

> Observando o resultado de um conjunto de setores claramente identificados como fornecedores de bens para a indústria de óleo e gás, verifica-se que, de 1999 a 2015, o número dos seus trabalhadores passou de 42,3 mil para 108,6 mil, um crescimento de 156,6%. Como referência, na indústria de transformação, essa taxa foi de 65,4%. O valor bruto da produção industrial passou de R$ 22,6 bilhões em 1999 (a preços de 2015) para R$ 63,3 bilhões, crescimento real de 180,8%. Como referência, o valor bruto da produção industrial de toda a indústria de transformação obteve crescimento real de 85,4%. No âmbito dos fornecedores de máquinas e equipamentos, a competitividade no comércio exterior também aumentou, já que a relação entre o valor unitário médio das exportações e das importações de máquinas e equipamentos para a indústria de petróleo e gás aumentou de 0,5 em 2003 para quase 2,0 em 2013. Isso significa que o produto nacional tinha, em 2004, um grau de sofisticação tecnológica equivalente à metade do grau de sofisticação do produto importado, e, em 2013, esse grau de sofisticação passou a ser o dobro do importado. (Fiesp, 2017)

Além desse evidente ganho para o fortalecimento da indústria nacional e para a geração de postos de trabalho, o documento evidencia que a política de conteúdo nacional possibilitou avanços significativos na capacidade produtiva do setor, sendo o pré-sal viabilizado com alto índice de conteúdo local, representando 46% da produção de petróleo no país. "No *ranking* das plataformas de petróleo mais produtivas do Brasil, pode-se citar as duas primeiras: a FPSO Petrobras, que opera na Bacia de Campos, e a FPSO Cidade de Itaguaí, que opera no polo do pré-sal da Bacia de Santos, ambas têm, em média, 65% de Conteúdo Local" (Fiesp, 2017).

Apesar da importância da implementação dessa política para o adensamento de uma cadeia nacional de fornecedores da indústria de petróleo e gás, diversas são as suas limitações. Schutte (2021) relata a excessiva rigidez que gerou flexibilizações que possibilitaram o uso de critérios de exceção quando a norma não fosse aplicável nas condições do mercado local ou quando não fosse razoável exigir a sua aplicação (*waiver*). Ao mesmo tempo, o uso indiscriminado do *waiver* também se tornaria uma referência para desmoralizar a política de CL. Foi fortemente questionada, a partir da sétima rodada, a capacidade da ANP de fiscalizar os contratos diante das maiores exigências. Segundo o relatório de conteúdo local da Federação das Indústrias do Estado da Bahia:

> Alguns fatores foram determinantes para o declínio da média de Conteúdo Local ofertado, como o custo dos fornecedores locais na contratação de empresas certificadoras para mensuração do índice de Conteúdo Local, o grande número de certificados emitidos, tendo em vista que cada componente de um sistema ou produto precisa estar certificado, gerando um alto custo agregado e várias ocorrências de descumprimentos de Conteúdo Local e aplicação de multa devido à indisponibilidade de oferta no mercado. (Fieb, 2015)

Segundo Hasenclever, Piquet e Shimoda (2016), as empresas petroleiras argumentam que, muitas vezes, não é possível atingir o volume exigido pelas regras do conteúdo nacional fixadas pela ANP, por total indisponibilidade na indústria nacional desses bens e serviços. Segundo empresários do setor, a principal dificuldade em contratar equipamentos no Brasil se deve à falta de uma linha de produção efetiva e já operando com encomendas de grande porte e contínuas. Santos (2013) levanta como principais gargalos da indústria de petróleo e gás três grandes segmentos: sísmica, perfuração e produção, como evidenciado na tabela abaixo, em que se destacam os serviços de sísmica, que utilizam *softwares* estrangeiros para aquisição e interpretação, e brocas, que ainda não são fabricadas no Brasil e, por isso, são 0% de CL.

Tabela 3. Principais lacunas do mercado nacional de P&G

Categoria	Equipamentos e serviços
Sísmica	Serviço de sísmica 3D
	Serviço de sísmica 4D
Perfuração	Brocas
	Tubos de perfuração
	Módulo de perfuração
	Turbinas
	Serviços de perfuração direcional
	Serviços de perfilagem
Produção	Módulos de reinjeção de gás
	Módulos de reinjeção de água
	Flare
	Turbinas
	Compressores de grande porte
	Ligas de aço especiais

Outro importante aspecto evidenciado no estudo desenvolvido por Santos (2013) diz respeito ao fato de que os esforços a serem feitos para incentivar o crescimento da indústria nacional devem atingir os vários elos da cadeia produtiva, não apenas as empresas que fornecem diretamente para as operadoras, mas também as "fornecedoras dos fornecedores", evitando gargalos na produção de matérias-primas e na produção de equipamentos.

A análise do potencial da PCL diante das suas limitações gera a necessidade de refletir acerca da forma como ela tem sido implementada no Brasil, diante do seu contexto histórico e econômico. Qualquer ferramenta de estímulo ao fortalecimento da indústria nacional deve ser erigida por uma forte política de Estado, que não esteja submetida às instabilidades institucionais e políticas da condução governamental do país. Além disso, como evidenciado pela experiência desenvolvida na Noruega, a exigência de percentuais de investimento nacional por parte da operadora que efetua a exploração do petróleo só se converte em real adensamento da cadeia produtiva doméstica quando acompanhada por investimentos em desenvolvimento de tecnologia, em educação e pesquisa científica, em fortalecimento e priorização da engenharia nacional. Alvez, Galdino e Mendes (2020) ressaltam que o Cenpes, chamado de "Universidade da Petrobras", é um exemplo de sucesso na política de conteúdo local implementada pelo Estado brasileiro. Foram os estudos desenvolvidos por essa instituição que colocaram a Petrobras no topo do *ranking* tecnológico de extração em águas profundas e promoveram o desenvolvimento de sofisticada tecnologia no território nacional.

Impactos das transformações na política de CL após 2016

Em meados de 2016, o Brasil viveu uma grave crise político-institucional, dinamizada pela Operação Lava Jato, por meios de comunicação e pela oposição (insubordinada ao resultado das eleições presidenciais). O resultado desse processo afetou, como nunca antes na história nacional, diversas empresas nacionais, como a Petrobras e grandes construtoras. Ou seja, as investigações não buscaram mecanismos de manutenção dos empregos e desenvolvimento tecnológico para acompanhar o devido processo legal. A partir de então são observadas mudanças nas regras de conteúdo local para exploração e produção de petróleo, com a criação do Programa de Estímulo à Competitividade da Cadeia Produtiva, ao Desenvolvimento e ao Aprimoramento de Fornecedores do Setor de Petróleo e Gás Natural (Pedefor) pelo Decreto 8.637/16.

Pelas recomendações construídas por esse programa, no ano de 2017 foram estabelecidas novas regras para o percentual de investimento nacional na aquisição de bens e serviços para as futuras rodadas de licitação. O novo modelo desconsidera o fator na pontuação das ofertas nos leilões, simplifica os compromissos das empresas e reduz os percentuais mínimos. Além disso, em 2018 é aprovado que a ANP adite contratos de concessão e de partilha de produção, já celebrados e que ainda não foram concluídos, para rever as cláusulas de conteúdo local.

Esse período também foi fortemente marcado pela queda expressiva do preço do petróleo, que provocou uma paralisação dos investimentos no setor de petróleo e gás em todo o mundo. A cotação dos preços internacionais apresentou queda de 50%, caindo de aproximadamente US$ 100,00 para US$ 50,00 o barril a partir da estratégia adotada pela Organização dos Países Produtores de Petróleo (Opep), responsável por 40% do petróleo mundial, de manter excesso de oferta[3] (Hasenclever; Piquet; Shimoda, 2016). Foi implementada a abertura das áreas do pré-sal para empresas internacionais e uma rápida monetização, com um calendário acelerado de cinco rodadas no pré-sal e

[3] Esta estratégia teve como objetivo a defesa de sua participação no mercado, uma vez que vinha perdendo espaço para a produção do gás não convencional (*shale gas*) dos Estados Unidos (Hasenclever; Piquet; Shimoda, 2016).

duas no pós-sal no período 2017-2018. Isto foi possível pelo sancionamento de alterações na Lei da Partilha, retirando a obrigatoriedade de a Petrobras ser operadora única e o percentual de participação mínima em todos os consórcios no polígono. Portanto, a Política de Conteúdo Local foi vista como barreira para atração das empresas internacionais (Schutte, 2021).

Essa sucessão de acontecimentos estabelece o ambiente ideal para o reforço dos questionamentos em torno da Política de Conteúdo Local.

> Para demonstrar firmeza no combate à corrupção, a companhia tomou uma decisão que acabou agravando de imediato a situação econômico-financeira de seus fornecedores, subfornecedores e a da economia como um todo. Em 29 de dezembro de 2014, a empresa divulgou uma lista de 23 grupos, posteriormente ampliada para 27, que, por estarem sob investigação, seriam excluídos do rol de fornecedores. [...] As referidas empresas foram temporariamente impedidas de serem contratadas e de participarem de licitações da Petrobras. O problema era que todas as principais construtoras brasileiras constavam nessa lista. Houve uma paralisação generalizada ao longo da cadeia, que, devido ao fato de essas empresas estarem todas com endividamento elevado (justificado pela perspectiva de crescimento da demanda garantida nos próximos anos), gerou um impacto ainda maior sobre a economia brasileira. (Schutte, 2021).

Segundo relatório desenvolvido pela Fiesp (2017), desde setembro de 2016 representantes das petroleiras, da indústria de bens e serviços para o mercado de petróleo e o governo vêm negociando novas regras para o conteúdo local, partindo do pressuposto de que o conteúdo local era muito complexo ao envolver percentuais em cerca de 90 itens, multas, excesso de burocracia para certificações, dentre outros.

> Nas negociações, a indústria de bens e serviços concordou em simplificar o modelo atual (com cerca de 90 itens certificá-

> veis), apresentando uma proposta com índices de conteúdos locais em 5 macrossegmentos. A proposta da indústria havia sido parcialmente aceita pelas operadoras, que sugeriram a redução dos macrossegmentos de cinco para três. Nesse novo modelo, haveria medidas compensatórias ao invés de aplicação de multas. A indústria concordou, desde que fossem individualizados em bens e serviços. As operadoras, aparentemente, estavam aceitando a segmentação do Conteúdo Local e também exigiam medidas compensatórias ao invés da aplicação de multas, também com concordância pela indústria. Após a fase de negociação, foi noticiado que as operadoras começaram a negociar diretamente com o governo um índice único e global de conteúdo local. (Fiesp, 2017)

Assim, fica evidente que as transformações na política de conteúdo local no Brasil têm gerado uma disputa entre o setor de produção de petróleo e gás e a indústria fornecedora de bens e serviços dessa cadeia. Esta contradição tem produzido movimentações como a criação do Movimento Produz Brasil, iniciativa que congrega 14 entidades que representam cerca de 200 mil empresas (ABCE, Abemi, Abinee, Abitam, Abimaq, Instituto Aço Brasil, Sistema Fieb, Sistema FIEMG, FIERGS, Fiesc, Fiesp, Sistema Findes, Sistema Firjan, Sinaval) com o objetivo de defender a manutenção e o aprimoramento da política de conteúdo local como mecanismo para potencializar o desenvolvimento econômico do país.

O Sindicato Nacional da Indústria da Construção e Reparação Naval e *Offshore* (Sinaval) tem sido um dos agentes de organização do Movimento Produz Brasil e tem sistematizado dados acerca dos prejuízos da desindustrialização do setor para a vida dos trabalhadores. No Nordeste, o número de empregados dos estaleiros da região em 2016 se reduziu a aproximadamente 25% do número de empregados no ano de 2014.

Setores empresariais interessados na produção e exploração do petróleo brasileiro argumentam sobre uma suposta incapacidade da indústria brasileira em realizar entregas dentro dos prazos estabelecidos e concorrer com preços competitivos. Argumenta-se que o sucesso das rodadas e o interesse estrangeiro dependeriam exclusivamente da eliminação da política de Conteúdo Nacional. Contudo, após as mudanças de 2017 e a 14ª rodada, essa tese não se confirmou: houve 36 empresas inscritas, número próximo às 37 registradas em 2015. O que define o sucesso de uma rodada de concessão tem relação principalmente com o potencial geológico das reservas, a qualidade do ambiente institucional e a estabilidade do ambiente regulatório, da constância de regras e da exigência do conteúdo local.

Algumas consequências imediatas das recentes alterações na Política de Conteúdo Local no país já podem ser notadas e quantificadas. São grandes os rebatimentos em diversos setores da indústria brasileira, com destaque para o de construção naval, que vem atravessando um quadro de demissões em massa e incertezas (Hasenclever; Piquet; Shimoda, 2016). A evolução do emprego direto na indústria naval no período entre 1970 e 2018 evidencia um considerável declínio pela queda na contração dos investimentos da Petrobras e a eliminação dos subsídios fiscais e financeiros para a indústria nacional (Schutte, 2021).

A indústria naval nos anos 1990 passou por um período conturbado devido à desnacionalização e liberalização econômica. Nos anos 2000, a indústria começou a se reerguer e ter como o principal demandante o setor de petróleo e gás natural, por meio da Petrobras, desde embarcações de apoio *offshore* até equipamentos voltados à exploração e produção (Cardoso, 2017).

Dados sistematizados pela Fiesp (2017) apontam que, entre 2014 e 2015, o número de trabalhadores no setor recuou 14%, enquanto em toda a indústria de transformação o recuo foi de 7,3%. Já o valor da produção do setor obteve queda de 14,5%, ao mesmo tempo que o valor da produção de toda a indústria de transformação caiu 10,8%. A retirada das atuais regras de conteúdo local reduz os impactos do investimento na economia: queda de 17 vezes na produção de bens e serviços e na arrecadação de tributos; 13 vezes na geração de PIB e 11 vezes na geração de empregos e salários. Na tabela abaixo são apresentados os resultados do investimento de R$ 1 bilhão na exploração e produção de petróleo gás, com e sem as regras atuais de Conteúdo Local.

Tabela 4. Impacto do investimento de R$ 1 bilhão em E&P com e sem regra de CL

	Conteúdo local com a regra atual	Sem conteúdo local	Impacto da retirada do conteúdo local
Produção (R$ milhões)	R$ 1.251,2	R$ 74,2	-94,1%
PIB (R$ milhões)	R$ 551,0	R$ 43,0	-92,2%
Tributos (R$ milhões)	R$ 521,5	R$ 31,0	-94,0%
Emprego	1.532	144	-90,6%
Salários (R$ milhões)	R$ 293,9	R$ 27,8	-90,5%

Fonte: Elaboração Decomtec/Fiesp, com base na matriz insumo-produto e no coeficiente de impacto intersetorial do Sistema de Contas Nacionais do IBGE.

* Considerando que a demanda por bens é atendida 100% pelas importações.

Portanto, apesar de esforços de categorias das empresas de fornecimento de produtos e serviços do setor de petróleo e gás junto às categorias de trabalhadores atingidos pela medida, cada vez mais se consolida para as próximas licitações um enfraquecimento da Política de Conteúdo Local posta em prática nos últimos 15 anos.

Conclusão

A partir deste resgate sobre a implantação e os reveses no enraizamento da exigência das Políticas de Conteúdo Local na indústria brasileira de petróleo e gás, fica evidente que essa ferramenta não se consolidou enquanto política de Estado (parte de um projeto nacional de desenvolvimento) que deva sempre ter como pilar o fortalecimento dos setores estratégicos da indústria nacional. Observamos, portanto, que houve relativo avanço nas pautas nacionais em determinados ciclos de maior exercício da soberania brasileira, por meio de agentes populares e nacionais.

O mundo moderno passa por um processo crescente de desindustrialização, com diferentes traços entre as grandes potências capitalistas e a periferia. O Brasil, por exemplo, não seguiu o histórico de modernização: seu aumento da renda interna e a expansão da indústria para países com oferta barata de mão de obra o caracteriza como país de "desindustrialização tardia". O chamado primeiro setor se desenvolveu por meio da indústria e, aos poucos, reduziu sua participação na economia. Segundo estudo da Federação das Indústrias do Estado de São Paulo (Fiesp), a queda estrutural da participação da indústria na economia ocorreu mais rapidamente no Brasil do que no resto do mundo. Entre 1975 e 1992, o peso do setor no PIB mundial diminuiu 25%, enquanto, no Brasil, recuou 38%. Hoje, a indústria japonesa corresponde a cerca de 23% do PIB; na década de 1970, chegou a 35%. No Brasil, a participação da indústria no PIB caiu para 11,8%, a menor desde os anos 1950. No início da década, esse percentual era de 15% e, nos anos 1980, chegou a superar a casa dos 20%.

Diversas foram as debilidades para a implantação da PCL, principalmente no que diz respeito à dificuldade das empresas fornecedoras em corresponder às exigências do setor de petróleo e gás com o necessário nível de especialização, celeridade e capacidade tecnológica. Também foi identificada, no curso dos últimos anos, a necessidade de fortalecimento dos órgãos reguladores dessa política (ANP), maiores incentivos ao desenvolvimento científico e inovação tecnológica da cadeia produtiva brasileira.

Ao mesmo tempo, são inegáveis os impactos positivos da implantação da política de CL, com maior força nos últimos 15 anos (2003 a 2017). Para 66,7% das empresas, o fornecimento de produtos para a Petrobras implicou o aumento da contratação de funcionários e, para 53,3% das respondentes, resultou em aumento de capacidade de produção. Esses dados comprovam que o aumento da demanda proveniente das compras da Petrobras significou um aumento importante dos esforços para alavancar a produção, seja via contratação de novos funcionários, seja por meio de expansão de capacidade. Essas consequências de crescimento certamente foram amparadas por um crescimento expressivo dos investimentos da Petrobras (Cardoso; Furno, 2020).

Sendo assim, a análise acerca dos avanços e refluxos da implantação do CL no Brasil exige uma compreensão aprofundada de interesses divergentes entre setores da elite econômica com maior ênfase na produção nacional que não chegam a constituir a defesa de um projeto próprio de desenvolvimento *versus* setores aliados ao capital internacional. A exigência de aquisição de bens e serviços em território brasileiro não pode ser compreendida como um fim em si mesmo, mas sim como parte da potencialização da indústria nacional, tendo como polo empresas com valor estratégico, como a Petrobras.

Na dinâmica global e Divisão Internacional do Trabalho (DIT), cabe ao Brasil a esfera daqueles países que recebem indústrias multinacionais em busca de mão de obra e desonerações, além do papel de produtor de matéria-prima mineral e agrícola bruta. Diante desse panorama, uma parte da solução desses problemas cabe ao poder Executivo e Legislativo, visto que a indústria é capaz de mobilizar os demais setores progressivamente. As medidas de desenvolvimento nacional devem passar, por exemplo, pela restauração e preservação de indutores como o Banco Nacional de Desenvolvimento Econômico e Social (BNDES) enquanto financiador de longo prazo para que, ao lado de medidas como a PCL, possa dinamizar progressivamente as cadeias adjacentes, gerando emprego de qualidade, tecnologia própria e divisas para o Estado.

Referências

ALONSO, P. S. R. *Estratégias corporativas aplicadas ao desenvolvimento do mercado de bens e serviços:* uma nova abordagem para o caso da indústria de gás natural no Brasil. Rio de Janeiro, 2004.

CARDOSO, A. O.; FURNO, Juliane da Costa. Políticas do Estado brasileiro e a indústria parapetrolífera: os impactos no emprego e na estrutura produtiva nos anos de 2003 a 2013. *In:* Encontro Nacional de Economia Política, 2020, Salvador. Anais do XXV Encontro Nacional de Economia Política, 2020.

CARDOSO, Otávio Augusto Rezende. *A evolução da política de Conteúdo Local da Petrobras e seus benefícios para a indústria nacional.* 2017. Monografia (Ciências Econômicas). Universidade Federal de Uberlândia, Uberlândia, 2017.

CONFEDERAÇÃO NACIONAL DA INDÚSTRIA. *Política de Conteúdo Local na cadeia do petróleo e gás:* uma visão sobre a evolução do instrumento e a percepção das empresas investidoras e produtoras de bens. Brasília: CNI, 2012.

FIEB. *A Política Brasileira de Conteúdo Local para o Setor de Petróleo e Gás.* Análise e Sugestões de Aperfeiçoamento. Salvador, 2015

FIESP. *A Política Brasileira de Conteúdo Local na Indústria de Petróleo e Gás Natural.* São Paulo, 2017.

GALDINO, R. F. S.; MENDES, G. M. de A.; ALVES, F. G. Estudo comparativo entre a política de Conteúdo Local no Brasil e na Noruega. *In:* XII Congresso Brasileiro de Planejamento Energético, 2020, Virtual, 2020, Foz do Iguaçu. Anais do XII Congresso Brasileiro de Planejamento Energético, 2020. v. 1.

MARTINS, F. C. *O Fundo CTPetro e o setor produtivo:* análise de política científica e tecnológica para o desenvolvimento do fornecedor local de equipamentos e serviços para o setor de petróleo e gás natural. Unicamp, 2003.

PIQUET, R. P. S.; HASENCLEVER, L.; SHIMODA, E. O desenvolvimento e a política de conteúdo local na indústria petrolífera: visões divergentes. *Revista Tecnologia e Sociedade* (Online), v. 12, p. 45-58, 2016.

RIBEIRO, C. G. *A política de compras de entidades públicas como instrumento de capacitação tecnológica:* o caso da Petrobras. Unicamp, 2005.

RIBEIRO, C. G.; FURTADO, A. *Uma análise da nova política de compras da Petrobras para seus empreendimentos* offshore. UTFPR, 2006.

SANTOS, Drielle Carvalho dos. *Desafios e impactos do conteúdo local na indústria de petróleo no Brasil.* Monografia (Engenharia de Petróleo). Universidade Federal Fluminense, Niterói, 2013.

SCHUTTE, G. R. A economia política do conteúdo local no setor petrolífero de Lula a Temer. *Economia e Sociedade* (Unicamp), v. 30, p. 115-140, 2021.

SOUZA, J. H. *Os núcleos de articulação com a indústria:* um instrumento de política tecnológica para o setor de bens de capital. Unicamp, 1997.

OS EFEITOS DA PRIVATIZAÇÃO NO SETOR ELÉTRICO BRASILEIRO

PEDRO DAMÁSIO COSTA NETO

Ao longo das últimas três décadas, diversos governos de diferentes espectros ideológicos defenderam (em maior ou menor escala) uma agenda política privatista para o setor elétrico brasileiro. De lá para cá, pode-se notar que a onda de privatizações no setor, iniciada na segunda metade da década de 1990 (no âmbito do Programa Nacional de Desestatização), e posteriormente nos anos 2000, nunca se tornou um projeto finalizado. Ao contrário, é justamente em momentos de crise como o atual que essa agenda retorna com a força de um *tsunami*.

Essa conjuntura global de reordenamento das forças produtivas resultou, assim, em desdobramentos que podem ser verificados no âmbito particular, sobretudo quando se direciona o olhar para o setor elétrico brasileiro. Nesse sentido, o presente artigo tem como objeto de análise os efeitos da privatização nesse setor-chave para a economia nacional com base em dois dos seus principais sintomas: a escalada do preço das tarifas e o aumento da terceirização do trabalho. Em ambos os casos, foram verificados prejuízos tanto para os consumidores quanto para os trabalhadores.

Para a investigação aqui proposta, proceder-se-á metodologicamente com base nas técnicas de pesquisa qualitativa e quantitativa. Serão empregados os recursos da pesquisa qualitativa de cunho bibliográfico com base no levantamento da literatura especializada em Sociologia do Trabalho, Economia e Ciência Política. Mediante esse instrumental bibliográfico, travar-se-á a discussão teórica em torno das teses sobre reestruturação produtiva, neoliberalismo e privatização no setor elétrico.

No que tange à pesquisa quantitativa, para mapeamento do número de trabalhadores terceirizados e seus níveis de acidentalidade, tendo em vista o recorte de análise e os objetivos, serão utilizados dados dos arquivos da Agência Nacional de Energia Elétrica (Aneel) e a Relação Anual de Informações Sociais (Rais), vinculada ao Ministério do Trabalho. Para dados gerais que venham a apoiar a argumentação em relação às referências das tarifas de energia, serão usados como fonte os relatórios e pesquisas produzidos pelo Departamento Intersindical de Estatística e Estudos Socioeconômicos (Dieese).

A escolha do objeto de estudo justifica-se pela possibilidade de contribuir para a discussão e compreensão da racionalidade que estrutura o mundo contemporâneo, assim como a reestruturação do capital e sua relação com processos de privatização que, desde a segunda metade da década de 1990, vêm experimentando a expansão continuada no Brasil, fundamentalmente quando se trata do setor elétrico.

O texto será dividido da seguinte maneira: 1) inicialmente será discutida a crítica à racionalidade neoliberal como ponto de partida analítico, objetivando demonstrar as dinâmicas macroestruturais do capitalismo global que deram origem a esta nova *ratio,* com enfoque em três aspectos fundamentais: político, econômico e ideológico; 2) a partir daí, será traçado um breve histórico da reestruturação do capital no Brasil, quais agentes sociais estiveram envolvidos e em que ambiente esse processo foi gestado; 3) mais adiante, far-se-á um estudo de caso da privatização no setor elétrico brasileiro, para, então, adentrar na discussão acerca dos seus efeitos, tanto sob a ótica dos consumidores quanto sob a dos trabalhadores; 4) por fim, nos apontamentos finais, serão discutidas possíveis saídas para uma contraofensiva dos trabalhadores ao contexto neoliberal.

A racionalidade neoliberal como ponto de partida analítico: uma crítica

Embora as principais características[1] da racionalidade neoliberal apareçam com frequência no debate econômico, político, sociológico, filosófico etc., evocando uma suposta liberdade dos indivíduos para se realizarem enquanto sujeitos no mundo, pouco é discutido acerca de como essa nova mentalidade, esse novo projeto societário, essa nova-razão-mundo foi erguida. Nossa intenção primeira é destrinchar quais os principais elementos que pavimentaram sua edificação. Entendemos que essa nova arquitetura social foi erguida a partir de uma combinação de engrenagens múltiplas, de modo que a política imperialista, a mundialização do capital, a hegemonia das finanças, o Estado neoliberal, a subjetivação da doutrina neoliberal mediante a captura da subjetividade e o culto ao sujeito-empresa são partes de um complexo aparato que atinge diversas esferas da vida. Evidentemente, não é nosso intuito esgotar todas as questões que porventura venham à tona. Ater-nos-emos apenas aos processos que, no nosso modo de ver, tiveram influência direta na determinação e constituição dessa nova fase do capitalismo contemporâneo.

Não existe uma data categórica que indique qual é, de fato, a gênese da doutrina neoliberal. No entanto, é compreensível que

[1] Por exemplo, defesa da propriedade privada, livre concorrência e livre-iniciativa.

muitos autores recorram a um marco temporal específico buscando uma data representativa, capaz de explicar seu surgimento. De acordo com Perry Anderson, por exemplo, a obra *O caminho da servidão*, escrita em 1944 por Friedrich Hayek, é o marco fundante da doutrina neoliberal. Esse texto tornou-se, em 1947, o ponto de partida da Sociedade Mont Pèlerin[2] – uma espécie de "franco-maçonaria neoliberal" –, cujo propósito era a guerra declarada contra as teses keynesianas e doutrinas coletivistas, de modo a pavimentar as bases para um novo tipo de capitalismo, que fosse "[...] duro e livre de regras para o futuro" (Anderson, 1995, p. 9).

O restabelecimento do ideário neoliberal não significou um alinhamento absoluto dos elementos que compunham sua doutrina. O que motivou esse desajuste foi o fato de o Colóquio Walter Lippmann ter exercido influência no delineamento de duas grandes correntes: 1) de um lado, o ordoliberalismo alemão, do qual Walter Eucken e Wilhelm Röpke são os maiores representantes; 2) de outro, a corrente austro-americana, representada por Ludwig von Mises e Friedrich A. Hayek. Enquanto o primeiro enfatizara a necessidade de o Estado garantir que as imperfeições dos mercados fossem corrigidas para que houvesse melhores níveis de eficiência, o segundo defendeu o poder de regulação espontâneo do mecanismo de preços, isto é, uma economia de livre mercado sujeita à menor imposição possível de forças coercitivas como as governamentais. Independentemente das posições contrastantes, as duas correntes reconhecem o trabalho de refundação intelectual do liberalismo, feito por diversas frentes no sentido de garantir seu triunfo (Dardot; Laval, 2016).

---

2 O nome dessa reunião é uma referência a uma pequena estação próxima às cidades de Vevey e Montreux, na Suíça. Entre os seus mais proeminentes participantes estavam Frank Knight, Bertrand de Jouvenel, Karl Popper, Ludwig von Mises, George Stigler e Milton Friedman, além do próprio Hayek.

Tal êxito pode ser mais bem observado a partir do papel determinante que essa refundação (em novos pilares, cujo resultado é o neoliberalismo tal qual o conhecemos) teve a fim de garantir o estabelecimento de uma importante cisão, sobretudo no delicado período que sucedeu os anos 1970, cujo efeito fez florescer uma nova consciência global manifestada na "[...] luta contra o estadismo, o planejamento, o protecionismo, o socialismo, em defesa da economia de mercado, da liberdade econômica concebida como fundamento da liberdade política, condição de prosperidade coletiva e individual" (Ianni, 1997, p. 139).

Esse processo histórico, sobre o qual estão firmadas as bases do ideário neoliberal, conforme destacado por Dardot e Laval (2016), não surgiu de modo aleatório. Ao contrário, houve no seu cerne, como destacado, um vigoroso embate de posições dissonantes. Se hoje o neoliberalismo assume uma posição dominante, muito do que se tornou essa hegemonia foi construído ao longo de pelo menos oito décadas, fruto da colisão de movimentos múltiplos e ideias contrastantes, do amadurecimento e da fusão de posições conflitivas, da assimilação e da adaptação de princípios e convicções.

Enquanto modelo de orientação política, econômica e social, o neoliberalismo constitui o modo de funcionamento do capitalismo contemporâneo. Trata-se, por um lado, da expressão fenomênica da economia política dos processos da chamada "globalização",[3] e, por outro, de um movimento ideológico cuja racionalidade estrutura o mundo contemporâneo.

Na qualidade de racionalidade operante de mundo, é a partir de mecanismos instituídos ao longo dos anos 1980 e 1990

3 Com o modo de acumulação sob a dominância do capital financeiro intitulado de mundialização do capital (Chesnais, 1996) - a nosso ver, uma designação mais certeira para o fenômeno.

que o neoliberalismo realmente se desenvolve no centro da acumulação capitalista, num contexto de inúmeras transformações políticas, econômicas e sociais, tornando-se o modo necessário à busca incessante de valorização do valor no capitalismo (Dardot; Laval, 2016; Saad Filho, 2011; Duménil; Lévy, 2007).

Como salientado, desde a sua origem, o neoliberalismo carrega os elementos (teóricos e práticos, políticos e econômicos) responsáveis por nutrir uma rejeição ao Estado intervencionista e de bem-estar social. Conforme Boito (1999), a lógica neoliberal vê, na superioridade do mercado, todos os atributos necessários para rechaçar a ação estatal. Por tal razão, os defensores dessa doutrina advogam que "o bem-estar humano pode ser mais bem promovido liberando-se as liberdades e capacidades empreendedoras individuais no âmbito de uma estrutura institucional caracterizada por sólidos direitos a *propriedade privada, livres mercados e livre comércio*" [4] (Harvey, 2014, p. 12, grifos nossos).

Entretanto, ainda que não raras vezes o conceito de liberdade seja evocado pelos sumos sacerdotes do mercado, Boito Jr. (1999) argumenta que o léxico neoliberal apresenta um discurso um tanto quanto deslocado da realidade, uma vez constatado o fato de que são propaladas características como liberdade de iniciativa, concorrência, soberania do consumidor e mercado, numa época em que é impossível separar da dinâmica de funcionamento do capitalismo contemporâneo a existência dos grandes monopólios privados, o imperialismo e a ingerência estatal na economia. A defesa do mercado na era

---

[4] Nessa mesma direção, Dardot e Laval (2016) destacam que entre as competências do neoliberalismo estão a instauração de políticas deliberadas de criação de uma situação de mercado, de modelos de concorrência capazes de direcionar a ação dos sujeitos, articulando, simultaneamente, todos esses processos.

do capitalismo monopolista e da especulação financeira – em que a busca por lucros volumosos não tem impacto real, além do enriquecimento de apenas um seleto grupo – está circunscrita apenas e tão somente ao que convém aos grandes monopólios e ao imperialismo. Logo, não seria possível falar em nova fase do capitalismo contemporâneo sem destacar o papel essencial que tem cumprido o imperialismo no aprimoramento e na manutenção dessa nova dinâmica.

Conforme Duménil e Lévy (2007), o imperialismo não pode ser compreendido como obra resultante da ação de um único país, mas de um agrupamento de países, que estabelecem, por um lado, confrontos armados entre duas ou mais potências no interior de alianças político-econômicas e, por outro, instituem relações de colaboração. O imperialismo é uma característica geral e permanente do capitalismo. Por essa razão, busca, com efeito, fora das fronteiras de suas metrópoles capitalistas, maximizar permanentemente seus ganhos, lucros e rendimentos (Duménil; Lévy, 2007).

Outra forma de caracterizá-lo é a partir da supremacia exercida pelos Estados Unidos em todo o mundo. Essa característica estrutural facilitou, no decorrer dos anos, a implementação de governos e políticas neoliberais em diversas regiões. Não raras vezes, expedientes como a guerra, a corrupção, o golpe, a violência econômica e social, o empobrecimento, a destruição de identidade cultural e os conflitos foram usados – ora seletiva, ora complementarmente – para a manutenção do *status quo* de países dominantes, assim como para drenar grandes somas de recursos a classes capitalistas e países como os Estados Unidos (Duménil; Lévy, 2004, 2007). Por outro lado, prosseguem os autores, na estrutura do imperialismo mundial, os instrumentos de dominação e controle não têm o mesmo peso em quaisquer contextos e circunstâncias.

Em concordância com os argumentos apresentados por Duménil e Lévy (2004), entendemos que, para os países da "periferia" do sistema, como é o caso do Brasil, reservou-se a subalternidade, a dependência, o servilismo, a exploração e toda sorte de dominação como forma de garantir a extração ininterrupta do mais-valor. Ainda de acordo com os autores, muitos foram os meios usados para lograr tais vantagens; entre os mais importantes estiveram a colonização e toda a sua ameaça, constrangimento, extorsão e violência decorrentes; a escravidão, a aculturação e a evangelização dos povos originários e dos povos trazidos do continente africano; a ditadura e a tirania, ora velada, ora aberta, e outros mais (Duménil; Lévy, 2004). É esse conjunto de relações sociais que chamamos aqui de imperialismo, isto é, a capacidade de um país, ou de um grupo de países, de extrair lucros do resto do mundo. "Em verdade, trata-se de uma hierarquia de poderes, onde o mais forte explora o mais fraco" (Duménil; Lévy, 2004, p. 15).

Portanto, o neoliberalismo não deve ser visto como uma ideologia verticalizada, inculcada de cima para baixo aos indivíduos, ou uma teoria econômica que objetive somente nortear o aumento da produtividade e a geração de riqueza. Deve sim ser encarado como: a) uma razão própria de mundo que estrutura os sujeitos – objetiva e subjetivamente; b) uma racionalidade de políticas globais que transformam o Estado, as relações culturais e interpessoais; c) e um sistema de normas que se divide em dois componentes de um todo articulado: 1) a norma transversal difusa da concorrência universal; 2) e a imposição do modelo de empresa (Dardot; Laval, 2016).

A natureza desse projeto político, econômico e social propicia uma subjetivação que conforma a maneira como os indivíduos se comportam, estruturando o modo como a sociedade é organizada do local ao global, do geral ao particular. À medida que esse projeto supera elementos exclusivos à esfera econômica, abrange todas as dimensões do ser humano, condicionando modos e experiências de vida. A existência, o estado de permanência e o próprio sentimento de realização no mundo cotidiano são reformulados reiteradamente pela natureza do neoliberalismo. Nesse sentido, tal projeto societário consiste numa *razão-mundo* marcada pelo paradigma da competição, por indivíduos-empresa que assumem um regime de concorrência em todos os níveis.

Dado o exposto e, para concluir este ponto específico, é importante salientar, uma vez mais, que esse modo de funcionamento do capitalismo contemporâneo rearranja elementos contidos no âmbito econômico, político, psíquico, social, em suma, em todas as esferas da vida. Ele:

> [...] produz certos tipos de relações sociais, certas maneiras de viver, certas subjetividades. Em outras palavras, com o neoliberalismo, o que está em jogo é nada mais nada menos do que a forma de nossa existência, isto é, a forma como somos levados a nos comportar, a nos relacionar com os outros e com nós mesmos. O neoliberalismo define certa norma de vida nas sociedades ocidentais e, para além dela, em todas as sociedades que as seguem no caminho da modernidade. Essa norma impõe a cada um de nós que vivamos num universo de competição generalizada, intima os assalariados e as populações a entrar em luta econômica uns contra os outros, ordena as relações sociais segundo o modelo do mercado, obriga a justificar desigualdades cada vez mais profundas, muda até o indivíduo, que é instado a conceber a si mesmo e a comportar-se como uma empresa. Há quase um terço de século, essa norma de vida rege as políticas públicas, comanda as relações econômicas mundiais, transforma a sociedade, remodela a subjetividade. (Dardot; Laval, 2016, p. 16)

Assim, uma vez que as normas de vida, as formas de agir, pensar e sentir, a subjetividade particular e coletiva, a existência, a permanência e a realização no mundo são condicionadas por essa racionalidade neoliberal; que dirá os mecanismos de gestão e controle do aparato institucional, estatal e/ou empresarial. Por essa razão quisemos dissecar, inicialmente, esse ponto específico, de forma a tornar claro e evidente o apontamento de que doutrinas fiscalistas, projetos de austeridade, o próprio processo de privatização da maior empresa do setor em questão (a Eletrobras), são apenas e tão somente componentes de um todo articulado, isto é, de uma engrenagem integrada a esta nova razão de mundo: a racionalidade neoliberal.

A reestruturação do capital no mundo e no Brasil

A *reestruturação capitalista* pode ser entendida como um processo inacabado (Costa, 2019), em movimento e não estático até o instante de ruptura; uma descontinuidade no interior de uma continuidade plena; um evento de proporções sistêmicas que é composto pela reorganização mundial do capital. Tal ocorrência está circunscrita à "nova Divisão Internacional do Trabalho", da qual são parte integrante disputas políticas, econômicas e sociais, além de classes sociais com inclinações visivelmente antagônicas, compondo, por seu turno, um sistema produtivo mundializado[5] e hierarquizado, necessário à nova fase da acumulação do capital. Esse fenômeno está assentado na aliança entre as classes burguesas em âmbito global, orientando o atual estágio de desenvolvimento do modo de produção capitalista. Apoiada nessa aliança, a dominância das finanças alcançou uma centralidade inquestionável, tornando-se, sobretudo a

[5] O processo de mundialização capitalista pode ser caracterizado a partir de "[...] certos momentos em que numerosos fatores desembocam num novo conjunto de relações internacionais e internas, que 'formam um sistema' e que modelam a vida social, não apenas no plano econômico, mas em todas as suas dimensões" (Chesnais, 1996, p. 14).

partir do final da década de 1970, uma característica estrutural do atual regime de acumulação (Chesnais, 1996).

Sendo essa a tônica do padrão de desenvolvimento e ampliação do capital, é importante observar que, desde a segunda metade do século XVIII – etapa característica do capitalismo industrial –, ocorrem intensos processos de reestruturação produtiva (Alves, 2007). Essas constantes transformações – tanto no plano sociopolítico como no institucional, com o neoliberalismo, quanto no plano da organização produtiva, com a reestruturação do aparato tecno-organizacional – corroboram o fato de que "a contínua revolução da produção, o abalo constante de todas as condições sociais, a incerteza e a agitação eternas distinguem a época burguesa de todas as precedentes" (Marx, 2004, p. 48).

Do ponto de vista teórico-analítico, entendemos que o momento atual do "capitalismo atravessa [...] crises estruturais e as supera por meio de transformações profundas em seu funcionamento" (Duménil; Lévy, 2003, p. 16), assim como a experimentada no último quartel do século XX. Autores como Alves (2000); Corsi (2009); Antunes (1995, 1999); Braga (1995); Katz e Coggiola (1996) e Mészáros (1989) afirmam que as mutações acarretadas pelo processo de reestruturação foram consequências: 1) da diminuição expressiva das taxas de lucro em virtude do aumento do preço da força de trabalho e das constantes lutas operárias que ocorriam desde o final dos anos 1960; 2) da dominância e hipertrofia da esfera financeira; 3) do aumento da concentração de capitais (fusões e aquisições) de empresas; 4) e da dissolução do Estado de bem-estar social em decorrência da crise fiscal. Esse conjunto de transformações que impactou significativamente o mundo do trabalho emergiu, segundo os autores, em meio a um contexto de crise aguda, ensejando múltiplas formas de expressão e manifestação.

Com a elevação do preço do barril de petróleo em 1973, a crise capitalista que atingiu o planeta não só adquiriu novos aspectos como amplificou suas formas de manifestação. O impacto dessa escalada dos preços resultou num efeito imediato: 1) encolhimento da produção de inúmeros produtos, o que acabou configurando-se como um resultado desejável, a julgar pela superprodução; 2) ainda que de modo não homogêneo, a elevação dos preços de praticamente todas as mercadorias; 3) desequilíbrio na balança de pagamentos dos países que dependiam da renda de exportações de *commodities*, uma vez que o preço das importações aumentava e o das exportações era desvalorizado; 4) a elevação do preço do petróleo, beneficiando, sobretudo, as grandes companhias petrolíferas e os países exportadores; 5) o uso do excedente monetário (dos países produtores) como gastos suplementares para comprar mercadorias dos países do Norte, colaborando com o restabelecimento da demanda dessas nações; 6) parte desse excedente contribuiu para manter contas bancárias nos Estados Unidos e Alemanha, especialmente, propiciando que tais recursos fossem disponibilizados para empréstimos; 7) por conta disso, os ministros de Finanças de países de economias periféricas passaram a ser pressionados pelos bancos, já que estes se tornaram poderosos grupos de pressão; 8) por fim, os países da periferia do sistema capitalista contraíram grandes somas de dívidas (Wallerstein, 2003).

Em solo brasileiro, de modo semelhante, a política neoliberal também aparece de forma mais veemente com a implantação do complexo de reestruturação produtiva[6] oriundo das

[6] Utiliza-se a expressão "complexo de reestruturação produtiva" não apenas como preciosismo estilístico, mas para salientar seu caráter totalizante (e totalizador), amplo e multifacético, que articula, no tocante à sua lógica de desenvolvimento interno, um "momento predominante" (o toyotismo), com "momentos não predominantes" (taylorismo/fordismo); é composto por processos tecnológicos, organizacionais (e institucionais) voltados para o incremento da exploração relativa (e absoluta) da força de trabalho. Ele atinge a grande empresa e tende a se disseminar pela rede de subcontratação, assumindo formas diferenciadas e combinadas (Alves, 2000, p. 9).

experiências no centro dinâmico do capitalismo. No início dos anos 1980, medidas de transição para um novo padrão de gestão e organização do trabalho, reorganização de diretrizes econômicas e do aparato institucional são implementadas com o objetivo de ajustar o país à nova dinâmica de acumulação global. Mas foi somente nos anos 1990 que se generalizou o toyotismo como forma de gestão do trabalho, no quadro do processo de reestruturação produtiva e da ascensão e implementação das políticas neoliberais no país (Druck; Franco, 2008).

Nesse contexto, a precarização do trabalho seria elemento compositivo do novo metabolismo social que emergiu com a reestruturação produtiva do capital e com a constituição do Estado neoliberal no Brasil (Alves, 2000). Essa precarização se forjou baseada na *intensificação* (e ampliação) da exploração (e espoliação) da força de trabalho, no *desmonte* de coletivos de trabalho e de resistência sindical corporativa e na *fragmentação social* nas cidades, em virtude do crescimento exacerbado do desemprego em massa (Alves, 2000, p. 45).

Na década de 1990, as políticas de redução do Estado, o corte de gastos públicos, a privatização de empresas estatais e a destruição dos fundos públicos tornaram-se o sustentáculo de um projeto político capaz de constituir uma nova ideologia empresarial e de gestão. Nessa direção, cabe pontuar que o neoliberalismo "não traz apenas a abertura comercial e a política de juros altos, mas, também, as privatizações, a flexibilização do mercado e a redução dos direitos sociais" (Boito Jr., 1999, p. 66). Do ponto de vista ideológico, em meio a esse contexto, torna-se imprescindível a constituição de discursos de dominação capazes de convencer a sociedade civil de que privatizar é a solução para a panaceia de problemas que assolam a todos. Frases e discursos como "o que é bom é privado" e "o que é público não presta" tornaram-se mantras utilizados diuturnamente. Em muitos casos, empresas públicas foram mal-administradas, tiveram seus ativos desvalorizados para que pudessem ser privatizadas futuramente. Nessa conjuntura, as empresas estatais do setor elétrico foram incluídas no Programa Nacional de Desestatização, no governo Collor.

Diante das medidas de reestruturação, da qual as privatizações são parte integrante, o levantamento feito por Biondi (2003) lista 48 empresas que foram entregues naquilo que pode ser considerado um dos maiores atos de desmantelamento da máquina pública brasileira (ver Tabela 1). Cabe destacar que as privatizações promovidas pelos governos neoliberais se deram em diversos setores, a exemplo do de siderurgia, serviços de transporte ferroviário, de abastecimento de água, energia elétrica e telefonia. Esse processo contribuiu para a criação de monopólios, sem que isso escandalizasse os apologistas da concorrência, da livre-iniciativa e da soberania do consumidor (Boito Jr., 1999).

Costa (2019) resgata Biondi (2003) para enfatizar que o discurso de abertura econômica, fiscal e privatista iniciado por Collor no final dos anos 1980 foi retomado por Fernando Henrique Cardoso três anos após a renúncia, em 1992, daquele que tinha como principal alcunha a de "caçador de marajás". Já empossado presidente, FHC afirmou que "as vendas das estatais arrecadaram 68,7 bilhões de reais, e o governo ainda se livrou de 16,5 bilhões de dívidas que as empresas tinham. No total, seriam 85,2 bilhões de reais de saldo" (Biondi, 2003, p. 65). Com isso, a austeridade fiscal tornou-se, mais uma vez, o mantra dos defensores da doutrina neoliberal. Corte de gastos em áreas "estratégicas", defesa dos investidores estrangeiros, criação de caixa. Todo esse arsenal discursivo serviu, dentre outras coisas, para consolidar a abertura econômica mediante a atuação desenfreada do capital estrangeiro frente às riquezas nacionais.

Tabela 1. Principais privatizações federais e estaduais[7]

Empresa	Valor (US$)
Telesp	4,96 bilhões
Vale do Rio Doce	3,13 bilhões
Telesp Celular	3,07 bilhões
CPFL - energia SP	3,01 bilhões
Tele Norte Leste	2,94 bilhões
Light - distribuidora RJ	2,35 bilhões
Embratel	2,27 bilhões
Usiminas	1,94 bilhão
Eletropaulo Metrop - energia SP	1,77 bilhão
Tele Centro Sul	1,77 bilhão
Coelba - energia BA	1,60 bilhão
CEEE - energia RS	1,48 bilhão
Companhia Siderúrgica Nacional	1,49 bilhão
CEEE - energia Centro Oeste	1,37 bilhão
Tele Sudeste Celular	1,36 bilhão
Cemig - energia MG	1,05 bilhão
Copesul - petroquímica	861 milhões
Rede Ferroviária Federal - Sudeste	870 milhões*
Telemig Celular	750 milhões
Cachoeira Dourada - energia GO	710 milhões
Tele Celular Sul	700 milhões
CRT - telefonia RS	660 milhões
Tele Nordeste Celular	660 milhões
Cosern - energia RN	600 milhões
Cosipa	590 milhões
CERJ - energia RJ	590 milhões
Enersul	570 milhões
Energipe - energia SE	520 milhões
Acesita - siderurgia	460 milhões
Tele Centro Oeste Celular	440 milhões
CEG	430 milhões
Tele Leste Celular	430 milhões
Escelsa - energia ES	430 milhões
Cemat - energia MT	350 milhões
Banerj	330 milhões
Rede Ferroviária - Centro Leste	320 milhões*
PQU - petroquímica	290 milhões
Metrô RJ	260 milhões
Copene - petroquímica	270 milhões
Porto de Santos - Terminal	251 milhões
Banco Meridional	240 milhões
Petroflex	230 milhões
Rede Ferroviária - Sul	210 milhões*
Ultrafértil	205 milhões
Embraer - indústria aeronáutica	190 milhões
Fosfértil	180 milhões
Salgema - petroquímica	140 milhões

Fonte: BNDES (*apud* Biondi, 2003, p. 63).

* Os preços divulgados para as ferrovias privatizadas são fictícios; houve apenas uma entrada de 10% a 15% (só para a malha Sudeste, o percentual chegou a 30%); o valor restante será pago em 30 anos, sem correção para o saldo devedor, isto é, com atualizações apenas das prestações trimestrais.

O fato é que os governos neoliberais ao redor do globo, e inclusive no Brasil, promoveram uma intervenção de novo tipo de Estado na economia. Como se pôde verificar ao longo do texto (e para isso a Tabela 1 é um instrumento certeiro), en-

7 Preços pela cotação do dólar no dia da venda. Os preços acima se referem não apenas aos valores apurados nos leilões, mas incluem também eventuais cifras apuradas com as "vendas de sobras".

quanto a intervenção estatal é feita para beneficiar os interesses do capital – grandes bancos, fundos de pensão, classe gerencial etc. – (Duménil; Lévy, 2013), a narrativa discursiva de guerra ao Estado é abandonada. Em contrapartida, quando o aparato estatal intervém buscando atender os interesses da maioria, essa mesma narrativa discursiva é usada como estratégia de reprovação diante de diversos setores sociais, já que a intervenção do Estado passa a ser observada apenas pela ótica da despesa e é vista como gasto público desnecessário ao pleno desenvolvimento econômico.

> Enquanto os salários dos trabalhadores foram desindexados, passando a 'flutuar livremente no mercado', a dívida externa foi estatizada por exigência e para garantia dos credores internacionais; o câmbio e os juros que remuneram os investimentos financeiros nacionais e estrangeiros são mantidos em níveis mais elevados por intervenção governamental, e a cada crise inflacionária ou cambial os neoliberais, apologistas da liberdade de iniciativa, recomendam a intervenção do Estado e os pacotes salvadores; os grandes bancos não protestam contra a intervenção do Estado para subsidiar bancos em situação pré-falimentar e regular o processo de reconcentração no setor bancário; *o monopólio é maléfico se for exercido por uma empresa estatal, mas é benéfico se estiver nas mãos de grupos privados.* (Boito Jr., 1999, p. 29, grifos nossos)

Uma vez discutidos o surgimento e a consolidação da racionalidade neoliberal na sociedade global, os instrumentos necessários à sua crítica, a reestruturação capitalista, ou seja, reestruturação produtiva dentro das empresas e neoliberalismo enquanto projeto societal no mundo e no Brasil, cujo todo articulado influencia diversas esferas da vida, objetividades e subjetividades no mundo real, além da constituição de políticas diversas, no intuito de impulsionar, dentre outras coisas, uma reação à baixa na lucratividade, daremos prosseguimento à análise de um dos componentes indispensáveis para o aperfeiçoamento do conjunto de medidas (desse processo inacabado) de reestruturação capitalista na economia brasileira: a privatização do setor elétrico. Veremos à frente como esta nova racionalidade, o neoliberalismo, está atrelada a mecanismos de gestão e ao próprio *modus operandi* do fazer político no setor. Serão levados em consideração, sobretudo, os efeitos dessas escolhas para os trabalhadores (que viram a terceirização esparramar-se no setor) e para os consumidores (que sentiram o efeito da elevação nas tarifas de energia).

A privatização no setor elétrico: um estudo de caso

Como vimos, em tempos (como o atual) de crise estrutural (Mészáros, 2002), sobretudo na periferia do sistema capitalista, é necessário compensar a queda tendencial da taxa de lucro com medidas austeras, fiscalistas, espoliadoras e destruidoras de direitos trabalhistas e sociais. Por isso é que a expansão do trabalho terceirizado, a intensificação das jornadas por meio da superexploração do trabalho, por mais-valia absoluta e relativa e o aumento de tarifas de energia são exemplos de saídas possíveis encontradas pelo grande capital para rearranjar sua estrutura econômica, em caráter totalizante e contínuo, do âmbito universal ao particular, e vice-versa.

Conforme apontado, os anos 1990 marcaram um período de abertura comercial e a sobrevalorização do câmbio no Brasil. Tais políticas contribuíram para um ciclo de falências/fusões/aquisições nas empresas brasileiras. Nesse contexto, aprofundou-se a desnacionalização da economia brasileira de modo a privilegiar o capital estrangeiro. Este último, "que correspondia a 36% do faturamento dos 350 maiores grupos do país em 1991, passou para 53,5% no final de 1999. A participação estrangeira no faturamento das maiores empresas do país subiu 146% entre 1991 e 1999" (Gonçalves, 1999; Fernandes, 2002 *apud* Alves, 2002, p. 75).

Em linhas gerais, a privatização tem como fundamento dois caminhos: o primeiro, de transferência dos serviços prestados por organizações estatais (educação, saúde, habitação, assistência social etc.) à iniciativa privada; e o segundo, de transferência da gestão e/ou operação dos serviços ao setor privado ou ao comumente conhecido terceiro setor (Moraes, 2001, p. 66-67).

No caso do setor elétrico brasileiro, o processo de privatização obedeceu a uma lógica de compra de ativos já existentes pelos novos agentes privados. Cabe destacar que nenhum novo ativo foi gerado; ao contrário, foram concedidos generosos incentivos públicos por meio do BNDES ou de créditos fiscais para a compra das unidades de produção de eletricidade instaladas, em vez de se privilegiar a expansão da capacidade, ou seja, os investimentos em novas unidades produtoras de energia (Proni, 2005, p. 143).

Segundo dados fornecidos pelo Banco Central do Brasil, nota-se que os novos investimentos se concentraram, fundamentalmente, no terceiro setor (setor de serviços), e especialmente naqueles setores cuja atividade não produz divisas. É o caso de energia, gás, água, correios, telecomunicações e intermediação financeira, que passaram a concentrar cerca de um terço do estoque de investimento estrangeiro no país (Carneiro, 2002 *apud* Lyrio, 2005, p. 143).

> De uma perspectiva geral, pode-se afirmar que as fusões e aquisições traduzem uma tendência inerente ao capitalismo, qual seja, a da centralização dos capitais. Isso implica a redução do número de produtores em cada um dos ramos da economia e, temporária ou permanentemente, na redução da concorrência. (Carneiro, 2002 *apud* Proni; Lyrio, 2005, p. 143)

Como se pode observar na Tabela 2, a partir das privatizações assentadas sob a égide do capital estrangeiro, os investimentos governamentais em infraestrutura econômica tornam-se irrisórios em diversos setores, inclusive naqueles que foram alvo das privatizações, como é o caso dos setores de telecomunicações, transportes e energia elétrica.

Tabela 2. Investimento em infraestrutura econômica, 1990-1998

Setor	Energia		Telecomunicações		Transportes		Total	
	US$ bi	%PIB	US$ bi	%PIB	US$ bi	%PIB	US$ bi	%PIB
1990	8,8	2,40	1,6	0,44	0,6	0,16	11,0	3,0
1991	5,7	1,52	2,8	0,74	0,9	0,24	9,4	2,5
1992	4,9	1,18	2,8	0,68	1,0	0,24	8,7	2,1
1993	4,5	0,99	3,2	0,71	0,9	0,20	8,6	1,9
1994	3,9	0,66	3,2	0,54	1,2	0,20	8,3	1,4
1995	4,2	0,68	4,0	0,65	1,1	0,18	9,3	1,5
1996	4,0	0,59	6,0	0,88	1,6	0,23	11,6	1,7
1997	4,8	0,56	7,5	0,87	1,5	0,17	13,8	1,6
1998	5,4	0,60	3,7	0,41	0,8	0,09	9,9	1,1

Fonte: Ipea (2000 *apud* Carneiro, 2002).

De acordo com a série histórica da Tabela 2, é possível dimensionar o montante de investimento em relação ao PIB de 1990 a 1998. O setor elétrico sempre recebeu maiores investimentos que os setores de telecomunicações e transportes, com exceção dos anos de 1996 e 1997, em que os investimentos em telecomunicações ultrapassaram os do setor de energia. Outro elemento relevante é que, no ano de 1990, os investimentos em energia foram responsáveis por 80% do montante destinado a investimentos de infraestrutura econômica.

Nos anos 2000, os investimentos no setor de energia diminuíram drasticamente: caíram para um quarto do que eram no início da década de 1990, culminando na crise de racionamento em 2001.

De acordo com Proni (2005, p. 144-145):

> A privatização do setor elétrico deu-se em duas etapas. A primeira etapa, realizada em 1992, incluiu no programa de privatizações as empresas distribuidoras do Sistema Eletro-

> bras. Os recursos das empresas estatais, ainda plenamente dominantes nos segmentos de geração e transmissão, foram prioritariamente destinados para o saneamento financeiro das empresas e, portanto, para a preparação das privatizações. Somente em 1995 é que ocorreria a segunda etapa do programa, com a inclusão de empresas geradoras do Sistema Eletrobras.

Assim, mesmo havendo uma dura investida por parte do capital privado internacional em grande parte dos serviços públicos brasileiros durante a década de 1990, o setor elétrico ainda pode ser considerado majoritariamente estatal. De acordo com o Dieese (2017), "as empresas estatais (federais e estaduais) representam cerca de 40% da capacidade de geração, 65% das linhas de transmissão e 25% do mercado de distribuição nacional".[8] Entretanto, esse cenário pode ser alterado devido à reestruturação que está em voga no setor. Muitas empresas estrangeiras, de capital público e privado, têm se interessado em disputar essa fatia de mercado, como é o caso do que ficou conhecido como a "invasão chinesa", isto é, grandes companhias estatais chinesas que têm desembarcado em solo nacional assinalando interesse no setor elétrico brasileiro, a exemplo da State Grid, da China Three Gorges, entre outras.

No início da privatização do setor elétrico brasileiro, havia um discurso responsável por criar um ambiente conveniente para a efetivação das políticas neoliberais, de modo a engendrar no seio da sociedade brasileira uma falsa sensação de que, ao privatizar as empresas públicas brasileiras, a prosperidade e a saúde financeira delas estariam à porta. Tal discurso advogava que o processo decorrente da entrada de capital privado no setor elétrico induziria ao aumento dos investimentos e garantiria um

---

8 Ver Nota Técnica 173. Disponível em: www.dieese.org.br/notatecnica/2017/notaTec173PrivatizacaoSetorEletrico.pdf. Acesso em: 12 mai. 2022.

maior fornecimento de energia elétrica por meio da ampliação da oferta. A lógica privada estimularia a eficiência e a produtividade, resultando em ganhos para os consumidores, com a melhora nos serviços e menores tarifas (Dieese, 2017).

Contudo, ainda que o discurso hegemônico desta nova-razão-mundo (o neoliberalismo) aponte numa direção, a realidade concreta aponta em outra, especialmente quando a perspectiva do consumidor é levada em consideração. O Gráfico 1 indica que as tarifas apresentaram crescimento superior a qualquer índice inflacionário. A série histórica em evidência sugere, portanto, que, entre os anos 1995 e 2015, enquanto a inflação medida pelo IPCA-IBGE apresentou uma variação acumulada de 342%, o item energia elétrica alcançou significativos 751,7%, fato que contribuiu, evidentemente, para a elevação do índice geral.

Além disso, conforme destaca o Dieese (2017, p. 12):

> Observa-se que, no período recente, mesmo com a redução das tarifas por meio do processo de renovação das concessões de geração e transmissão (grande parte de empresas da Eletrobras), a lógica mercantil que preside a organização do setor, apoiada na 'crise hídrica' de 2014-2015, resultou em aumento de cerca de 300% das tarifas, somente entre 2014 e 2015.

Gráfico 1. Evolução do IPCA geral e do IPCA energia elétrica, em %, Brasil, 1995-2015

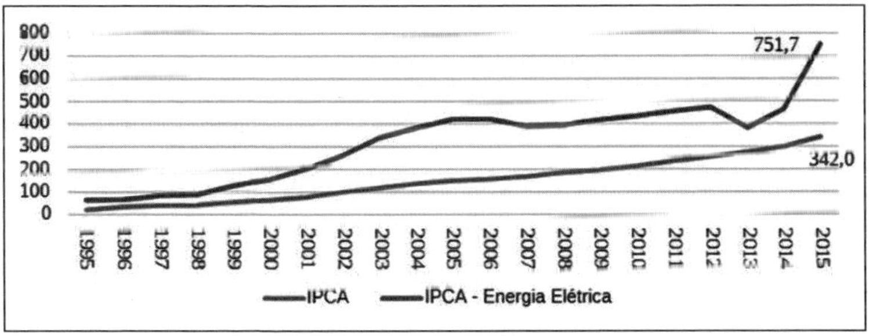

Fonte: IBGE. Elaboração: Dieese/Rede Eletricitários.

E mais: segundo o Dieese (2017), ainda que as tarifas de energia tenham aumentado no período, elas não foram acompanhadas pela melhoria dos serviços prestados ao consumidor final, fato que pode ser comprovado quando observada a escalada das reclamações em instâncias como a própria Aneel, assim como em órgãos de defesa do consumidor – "Somente em 2016, foram registradas 1.868.743 reclamações dos serviços prestados pelas distribuidoras. Apesar de 93% serem procedentes, somente 38,5% foram solucionadas. Em algumas das maiores empresas privadas, esse percentual está abaixo de 10%" (Aneel *apud* Dieese, 2017, p. 12).

O que se pode afirmar uma vez mais, portanto, é que a lógica privatista garantiu ganhos para determinados segmentos (investidores estrangeiros, acionistas privados etc.),[9] enquanto os consumidores tiveram, dentre outras coisas, piora na qualidade dos serviços prestados e elevação expressiva no preço das tarifas.

Cabe ainda destacar que o próprio marco regulatório do setor elétrico – que, por razões óbvias, integra a reforma do Estado dos anos 1990 (e, portanto, o processo de reestruturação do capital no âmbito nacional) – obedece a uma "[...] tendência a privilegiar os interesses dos investidores em detrimento dos interesses dos consumidores e a restaurar, no âmbito das agências, o poder clientelista de determinados segmentos dos grupos de interesses" (Souza, 2007).

Essa lógica de mercado – circunscrita a uma racionalidade de políticas globais que transformam o Estado, as relações culturais e interpessoais e, nessa esteira, todas as esferas da vida – também incide no setor elétrico (e, para constatar tal fato, o marco regulatório do setor é um excelente exemplo), o

9 Segundo a Consultoria Economática, o setor elétrico é um dos recordistas em distribuição de dividendos – em 2014, foram distribuídos R$ 13,7 bilhões.

colocando a serviço da acumulação capitalista. Em momentos de crise, portanto, tal lógica é aproveitada para levar a cabo, uma vez mais, processos de reestruturação.

Ao longo da história do capitalismo, é frequente a transferência das sequelas produzidas por sua dinâmica destrutiva para os setores mais explorados. O objetivo dessa estratégia é deslocar e conter, ainda que por um curto espaço de tempo, as crises inerentes ao próprio sistema.

Na visão de Armando Boito Jr.:

> O círculo externo que abarca os interesses do imperialismo e de toda a burguesia é o círculo da desregulamentação do mercado de trabalho, da redução de salários e da redução de gastos e direitos sociais. Todas as empresas capitalistas, pequenas ou grandes, industriais, comerciais ou agrícolas, tiram proveito, em grau maior ou menor, dessa redução dos custos salariais e dos direitos sociais. A redução de salários [...] é geral, e a *informalização das relações de trabalho* não é apanágio de pequenas empresas. *Ela é praticada também pelas grandes empresas, entre outras maneiras, pelo recurso à terceirização – prática que permite que o conjunto da burguesia tenha acesso, democraticamente, à exploração sem freios dos trabalhadores.* O imperialismo aproveita dessa política de diversas maneiras. (Boito Jr., 1999, p. 51, grifos nossos)

Do ponto de vista do trabalhador, a privatização tem consequências gravíssimas que atingem diretamente as condições de trabalho. Ao observarmos o processo de terceirização da mão de obra, uma das principais marcas deixadas pela privatização iniciada a partir da segunda metade dos anos 1990, fica evidente como essa prática tem crescido de modo assustador no setor elétrico. Antes desse período, tal mecanismo era praticamente inexistente – o que comprova que a terceirização permanece como uma faceta da reestruturação capitalista (Costa, 2019). Trata-se de um processo que demanda a reorganização dos fluxos de trabalho nas empresas, aliada ao neoliberalismo enquanto mentalidade hegemônica, capaz de redefinir a racionalidade do projeto político-social contemporâneo.

Nessa esteira, os números da terceirização da mão de obra nas empresas de distribuição de energia elétrica corroboram o fato de que o projeto de restauração capitalista tem tido êxito no Brasil, uma vez que elas têm operado em sua maioria esmagadora com uma percentagem bastante elevada de trabalho terceirizado.

Considerando o recorte amostral de 88.751 trabalhadores das dez concessionárias de distribuição com maior proporção de terceirizados, pode-se apreender que, em 2019, quase 82% dos trabalhadores eram terceirizados, número que representa um contingente de 72.573 trabalhadores, em face de 16.178 (18%) do quadro próprio. A empresa de distribuição de energia elétrica Celg D,[10] vendida em 2017 para a italiana Enel, é a que mais se destaca quando o assunto é terceirização. Num universo de 10.946 trabalhadores, somente 1.098 – 10% do quadro – são próprios; os outros 9.848 trabalhadores, 90% da força de trabalho, compõem a massa de terceirizados.

Além disso, entre as dez maiores empresas de distribuição de energia elétrica com maior proporção de trabalhadores terceirizados, a empresa que opera com o menor percentual é a EDP-SP. Em 2019, essa empresa contava com 3.933 trabalhadores em suas fileiras. Desses, 2.661 (67,7%) eram terceirizados e apenas 1.272 integravam o quadro próprio da empresa.

[10] A Celg D foi incluída no Programa Nacional de Desestatização pelo Decreto n. 8.449, publicado no Diário Oficial da União em 14 de maio de 2015. O referido decreto designava o Ministério de Minas e Energia como encarregado da execução e acompanhamento do processo de desestatização. Ao BNDES, esse documento deu a incumbência de contratar os serviços, bem como de prover o apoio técnico necessário à efetivação da desestatização da distribuidora.

Tabela 3. Concessionárias de distribuição com maior proporção de terceirizados, 2017-2019

Grupo	Concessionária	Próprios 2019	Terceirizados 2019	Total 2019	Proporção de terceirizados em 2019	Proporção de terceirizados em 2018	Proporção de terceirizados em 2017
Enel	Celg D.	1.098	9.848	10.946	90%	88,5%	85%
Enel	Enel Rio	966	7.054	8.020	88%	88,2%	89%
Enel	Coelce	1.118	7.936	9.054	87,7%	86,3%	84%
Equatorial	Celpa*	1.273	7.442	8.715	85,4%	84,5%	84%
Equatorial	Cemar	1.170	5.364	6.534	82,1%	82,8%	83%
Neoenergia	Cosern	781	3.490	4.271	81,7%	72,8%	73%
Neoenergia	Coelba	4.212	16.103	20.315	79,3%	77,9%	84%
EDP	EDP-ES	1.021	3.685	4.706	78,3%	79,4%	78%
Neoenergia	Celpe	2.532	7.164	9.696	73,9%	73,3%	74%
Equatorial	Ceal	735	1.826	2.561	71,3%	58,6%	61%
EDP	EDP-SP	1.272	2.661	3.933	67,7%	68,4%	69%
Total da amostra	2019	16.178	72.573	88.751	81,8%	78,2%	78,5%

Fonte: Costa; Silva, 2021, p. 155.

* A proporção de terceirizados da concessionária Celpa não foi atualizada para o ano de 2019. Por essa razão, utilizamos os números fornecidos em 2018.

Não restam dúvidas de que a expansão da terceirização do trabalho no setor elétrico tem acontecido na esteira de sucessivos processos de privatização. Há casos, inclusive, que se pode pontuar que a terceirização funciona como uma espécie de privatização por dentro das empresas, uma vez que se esparrama como erva daninha em setores variados, dificultando a organização e a própria ação coletiva dos trabalhadores em torno de suas instâncias de representação (sindicatos).

Áreas como a geração, a transmissão e, fundamentalmente, a distribuição têm experimentado progressivamente a mão de obra terceirizada. Ainda assim, o Estado brasileiro mantém participação importante em setores como geração e transmissão de energia. Em contrapartida, se a qualidade dos serviços de energia elétrica no Brasil for medida pelo quesito segurança, os números certamente apontariam o inverso, isto é, uma alta periculosidade. No intervalo compreendido entre 2009 e 2021, foram registrados 10.973 acidentes com terceiros (população) envolvendo a rede elétrica, resultando em 3.698 mortes, conforme os indicadores de segurança do trabalho e das instalações disponibilizados pela Aneel.[11]

Outra questão igualmente problemática, no que diz respeito à privatização do setor elétrico e sua relação de simbiose com a terceirização do trabalho, é o fato de que a marca predominante desse processo é a precarização das condições de trabalho. Não só a incidência, mas também o número de acidentes fatais com terceirizados é disparadamente maior quando comparados às ocorrências com trabalhadores do quadro próprio. A série histórica aponta que, entre 2009 e 2021, foram registradas 673 mortes decorrentes de acidentes com trabalhadores, 112 de trabalhadores do quadro próprio e 561 mortes de trabalhadores terceirizados. Assim, num intervalo de 13 anos, a rede elétrica apresentou um total de 4.371 mortes, uma média de uma morte por dia, considerando trabalhadores do quadro próprio, terceirizados e a população.

Além das questões apontadas, recentemente veio à tona a privatização da maior empresa de energia da América Latina: a Eletrobras. Essa empresa brasileira de capital aberto atua como uma *holding*, dividida em geração, transmissão e distribuição, criada em 1962 para coordenar todas as empresas do setor elétrico.

A privatização da Eletrobras foi oficialmente concluída no dia 14 de junho de 2022 – após parecer favorável do Tribunal de Contas da União –, numa cerimônia na bolsa de valores brasileira, a B3. O valor da privatização alcançou a cifra de quase R$ 100 bilhões – mais precisamente, R$ 96,6 bilhões.

---

[11] Dados disponíveis em: www.aneel.gov.br/seguranca-do-trabalho-e-das-instalacoes. Acesso em: 12 mai. 2022.

Desse modo, a privatização via capitalização teve como intuito garantir a transferência do controle da companhia (do Estado para o setor privado), por meio de uma oferta de ações ordinárias (ON), oferecendo direito a voto, acoplada à venda de parte das ações que anteriormente estavam sob controle da União.[12]

Uma vez que houve o aumento da base das referidas ações, o governo federal, por consequência, consentiu em ter menos de 50% da participação societária com direito a voto. A participação no capital votante (ações ON) antes e depois da oferta conformou-se da seguinte maneira: "União: antes era de 51,8%; agora é 33%. BNDESPar: antes era de 11%; agora é de 3,6%. BNDES: antes era de 5,8%; agora é de 3,7%. Outros: antes era de 31,4%; agora é de 59,7%".[13]

O fato é que, sob os argumentos de boa gestão, governança e transparência, tal modelo criou regras para impedir e/ou dificultar que acionistas tomem o controle da companhia, determinando o rumo dos negócios sem o consentimento dos demais sócios. São elas: *limite para poder de voto* (não importa quantas ações ordinárias um determinado acionista possua. Na hora de votar na Assembleia Geral, esse sócio só pode ter até 10% das ações. Esse é o caso do Estado brasileiro); *custo elevado para tomar o poder* (para evitar esse movimento, a Eletrobras tem no estatuto regras que dificultam esse caminho, tornando o negócio muito caro para quem tentar assumir o controle comprando ações dos demais sócios); *barreira contra reestatização* (ao atingir 50% do capital votante, um acionista é obrigado a fazer uma oferta pelo restante das ações ordinárias, pagando o

---

12 Disponível em: https://economia.uol.com.br/noticias/redacao/2022/06/22/eletrobras-por-que-governo-tem-mais-acoes-mas-nao-manda-na-empresa.htm. Acesso em: 22 jun. 2022.

13 *Idem.*

triplo da maior cotação alcançada em dois anos, ou seja, algo como R$ 140 por ação. Segundo estimativas de analistas, isso custaria hoje cerca de R$ 142 bilhões apenas pela metade das ações ordinárias, cerca de 112% mais que o valor total de mercado da companhia, na casa de R$ 67 bilhões).[14]

Ou seja, ainda que futuramente exista a possibilidade de uma retomada da antiga Eletrobras, isto é, aquela ancorada sob os pilares da soberania energética nacional, um governo à esquerda terá grandes dificuldades para reconquistar o controle da companhia e colocá-la a serviços dos interesses do povo brasileiro – se quiser, obviamente, respeitar os contratos firmados dentro do Estado de direito –, haja vista que a sua venda foi cirurgicamente amarrada para que tal evento não prospere.

Apontamentos finais

Indubitavelmente, a razão de ser do modo de produção capitalista somente é concretizada mediante a busca diligente pela valorização do valor. Vimos que, por essa razão, a emergência das crises (como a da década de 1970, explorada neste artigo), uma vez que esse objetivo não é alcançado, torna-se, não raras vezes, uma imposição histórica, haja vista que, como observado, os donos dos meios de produção, isto é, a burguesia – classe cuja responsabilidade reside na contínua revolução dos meios de produção e, por consequência, de todas as relações sociais –, precisam acumular o capital e ampliá-lo ininterruptamente. Se, por um lado, essa *espiral cíclica do capital* produz a "enfermidade" que o impede de ampliar-se continuadamente, por outro, cria o "antídoto" capaz de sanar momentaneamente tal "patologia", visando, uma vez mais, dar início ao novo estágio do processo de acumulação.

---

[14] *Idem.*

A partir dessa relação contraditória é que surgem tendências e contratendências, visando reconfigurar uma vez mais a produção sob a lógica de um novo padrão de acumulação de capital. Utilizando-se das crises – eventos decorrentes da própria dinâmica acumulativa inerente ao desenvolvimento do modo capitalista de produção –, o capital, uma vez que não consegue colocar em prática tendências de ampliação do sistema, aposta na criação de *contratendências*, que podem ser implementadas, por exemplo, por meio da expansão da atividade produtiva, da ampliação da produção de bens de consumo e de serviços e da *restauração do capital* (reestruturação produtiva dentro das empresas e neoliberalismo) elementos abordados de modo mais focalizado neste artigo, visando dar uma radiografia das bases que inauguraram o processo de privatização do setor elétrico.

No que diz respeito à reestruturação capitalista, foi pontuado que uma de suas principais faces, a terceirização do trabalho, sem sombra de dúvidas constitui uma das principais formas da flexibilização do trabalho, porquanto ela reúne e sintetiza o grau de liberdade que o capital dispõe para gerir e, em consequência, dominar a força de trabalho. Essa liberdade do capital sobre o trabalho é verificável por meio da flexibilização dos contratos (Druck, 2008), tanto dos trabalhadores próprios quanto dos terceirizados, e também do enfraquecimento das entidades sindicais, levando-as quase à inanição.

Em maior ou menor escala, as privatizações seguiram décadas a fio, seja por meio de planos de gestão de empresas estatais, seja por meio de medidas governamentais. O fato é que ela teve consequências desastrosas tanto na composição do emprego (como acontece com o trabalho terceirizado – que em alguns casos, como visto, chegou a 90% de toda a força de trabalho) como para os consumidores, em se tratando do preço das tarifas de energia – que cresceu mais de 300% no intervalo entre 2014 e 2015, prejudicando, por sua vez, uma ampla gama de consumidores. Em todo caso, tal sanha privatista levou à concentração de capital, à desnacionalização, à perda de soberania nacional e ao aumento da precarização do trabalho. Esta última tem sido "pedra no sapato" do sindicalismo eletricitário, que deverá construir novas estratégias se quiser associar a massa de trabalhadores terceirizados sem vínculo sindical, a fim de dar novo fôlego à ação coletiva dos trabalhadores.

O ponto nevrálgico da análise aqui por nós pontuada reside no fato de que a estrutura capitalista, assim como seus mecanismos de controle e poder, condiciona a consciência do trabalhador, imprimindo-lhe vontades, desejos e verdades que remodelam a sua realidade concreta. Isto significa dizer que os trabalhadores têm sua subjetividade capturada e, por consequência, sua consciência ideológica cooptada.

Para superar essa estrutura de poder do capital, é necessária a ação coletiva organizada dos trabalhadores. Os desafios são enormes, tanto no plano objetivo quanto subjetivo. Isso porque, como apontado, há elementos que estão alicerçados não apenas na esfera econômica, mas também na política, psíquica, social, ou seja, inúmeros ambientes. Assim, uma vez que há uma racionalidade ancorada em diversas esferas da vida, somente uma ação qualificada dos trabalhadores de igual modo preocupada com essas mesmas esferas, isto é, uma agenda para além das pautas econômicas, será capaz de dar conta dos desafios impostos pela conjuntura adversa.

Por fim, como a história está em constante movimento, novos fenômenos políticos e organizacionais podem surgir e dar fôlego ao processo de renovação dos sindicatos e dos organismos de representatividade dos trabalhadores. Nesse sentido, pautas que integrem os consumidores de energia elétrica – como o barateamento da tarifa para determinados setores (quilombolas, povos tradicionais, por exemplo) – seriam um bom começo para revitalizar os organismos de representação dos trabalhadores, uma vez que possibilitariam a construção de laços para além da categoria específica, sobrepondo-se ao corporativismo; além do diálogo constante com os setores mais fragilizados pelo processo de flexibilização dos contratos, evidentemente.

Referências

ALVES, Giovanni. *O novo (e precário) mundo do trabalho:* reestruturação produtiva e crise do sindicalismo. São Paulo. Boitempo, 2000.

ALVES, Giovanni. *Dimensões da reestruturação produtiva:* ensaios de sociologia do trabalho. São Paulo: Projeto Editorial Praxis, 2007.

ALVES, Giovanni. Trabalho e sindicalismo no Brasil. *Revista de Sociologia e Política*, n. 19, p. 71-94, 2022.

ANDERSON, P. Balanço do neoliberalismo. *In:* SADER, E.; GENTILI, P. (org.). *Pós-neoliberalismo:* as políticas sociais e o Estado democrático. São Paulo: Paz e Terra, 1995.

ANEEL. Indicadores de segurança do trabalho e das instalações. Disponível em: www.aneel.gov.br/seguranca-do-trabalho-e-das-instalacoes. Acesso em: 15 mai. 2022.

ANTUNES, Ricardo. *O novo sindicalismo no Brasil.* Campinas: Pontes, 1995.

ANTUNES, Ricardo. *Os sentidos do trabalho.* São Paulo: Boitempo, 1999.

BIONDI, A. *O Brasil privatizado*: um balanço do desmonte do Estado. São Paulo: Fundação Perseu Abramo, 2003.

BOITO JR., Armando. *Política neoliberal e sindicalismo no Brasil.* São Paulo: Xamã, 1999.

BRAGA, Ruy. "A crise contemporânea como crise orgânica do capitalismo tardio". *In:* KATZ, Claudio; BRAGA, Ruy; COGGIOLA, Osvaldo. *Novas tecnologias*: crítica da atual reestruturação produtiva. São Paulo: Xamã, 1995.

CHESNAIS, François. *A mundialização do capital.* São Paulo: Xamã, 1996.

COGGIOLA, Oswaldo; KATZ, C. *Neoliberalismo ou crise do capital?* São Paulo: Xamã: 1996.

CORSI, Francisco Luiz. A crise estrutural e a reconfiguração do capitalismo global. *In:* FIGARI, Claudia; ALVES, Giovanni. (org.). *La precarización del trabajo en América Latina:* perspectivas del capitalismo global. Londrina; Bauru: Praxis; Canal 6, 2009.

COSTA, Samuel N. *Faces da reestruturação produtiva:* disputas por representação e alterações no mundo do trabalho. Curitiba: Appris, 2019.

COSTA, Samuel N.; SILVA, Gustavo. T. F. Instabilidade no mundo do trabalho: terceirização e representação sindical no ramo urbanitário brasileiro. *In:* DAL ROSSO, Sadi; BUENO, Fábio M. (org.). *Contribuições para as Teorias do Valor Trabalho e Dependência.* Campinas: Pontes, 2021.

DARDOT, Pierre; LAVAL, Christian. *A nova razão do mundo:* ensaio sobre a sociedade neoliberal. São Paulo: Boitempo, 2016.

DIEESE. Privatização, desnacionalização e terceirização no setor elétrico brasileiro. Nota Técnica 173. 2017. Disponível em: www.dieese.org.br/notatecnica/2017/notaTec173PrivatizacaoSetorEletrico.html. Acesso em: 16 mai. 2022.

DUMÉNIL, G.; LÉVY, D. Neoliberalismo – Neo-imperialismo. *Economia e Sociedade*, Campinas, v. 16, n. 1 (29), p. 1-19, 2007.

DUMÉNIL, G.; LÉVY, D. O imperialismo na era neoliberal. *Crítica Marxista*. Rio de Janeiro, n. 18. p. 11-36, maio, 2004.

DUMÉNIL, G.; LÉVY, D. Superação da crise, ameaças de crise e novo capitalismo. *In:* CHESNAIS, François *et al. Uma nova fase do capitalismo?* São Paulo: Xamã, 2003, p. 15-41.

DUMÉNIL, G.; LÉVY, D. *A crise do neoliberalismo*. São Paulo: Boitempo, 2013.

DRUCK, Graça; FRANCO, Tânia. *A perda da razão social do trabalho:* terceirização e precarização. São Paulo: Boitempo, 2008.

HARVEY, David. *O neoliberalismo:* história e implicações. São Paulo: Loyola, 2014.

IANNI, Octavio. *A sociedade global*. Rio de Janeiro: Civilização Brasileira, 1997.

MARX, Karl; ENGELS, Friedrich. *Manifesto do Partido Comunista*. São Paulo: Martin Claret, 2004.

MÉSZÀROS, István. *Produção destrutiva e estado capitalista*. São Paulo: Ensaio. 1989.

MÉSZÀROS, István. *Para além do capital:* rumo a uma teoria da transição. São Paulo: Boitempo, 2002.

MORAES, R. *Neoliberalismo:* de onde vem, para onde vai? São Paulo: Senac, 2001.

PRONI, M. W.; LYRIO, P. M. A privatização do setor elétrico e seus impactos sobre o trabalho. *Revista Gestão Industrial*. v. 1, n. 1, p. 138-166, 2005.

SAAD FILHO, Alfredo. *Crítica e Sociedade*: revista de cultura política. Uberlândia, v. 1, n. 3, 2011.

SOUZA, Carlos Augusto da Silva. As agências reguladoras do contexto da reforma do Estado no Brasil. *In*: ENCONTRO DA ANPAD, 31. Rio de Janeiro. Textos..., Rio de Janeiro, 22 a 26 de setembro de 2007: ANPAD, 2007.

UOL ECONOMIA. Disponível em: https://economia.uol.com.br/noticias/redacao/2022/06/22/eletrobras-por-que-governo-tem-mais-acoes-mas-nao-manda-na-empresa.htm. Acesso em: 22 jun. 2022.

WALLERSTEIN, Immanuel. Mundialização ou era de transição? Uma visão de longo prazo da trajetória do sistema-mundo. *In:* CHESNAIS, François *et al. Uma nova fase do capitalismo?* São Paulo: Xamã, 2003, p. 71-92.

A PRIVATIZAÇÃO DA ÁGUA E A LUTA PELA RECUPERAÇÃO DOS BENS COMUNS: RESISTÊNCIA TRANSLOCAL E O DIREITO À ÁGUA

CAITLIN H. SCHROERING

Privatização da água e a luta para recuperar os bens comuns

A luta pelo direito à água nos Estados Unidos também é uma luta entre visões de mundo concorrentes. O domínio hegemônico do capitalismo como "o" sistema econômico é poderoso nos Estados Unidos, um Estado-nação construído sobre a ideia de "mercado livre". Tudo é ou poderia ser uma mercadoria – incluindo "recursos" como terra, água, rios, oceanos. A água é necessária para a vida, assim como o ar. E no mundo capitalista de hoje, onde tudo é uma mercadoria, a última "fronteira" é a água. Mais do que outros recursos, muitas vezes está ostensivamente sob controle público. Mas isso pode mudar amanhã. Muitos estudiosos diferenciam o capitalismo antes e depois da década de 1990, que viu uma ascensão mundial de um tipo específico de capitalismo, o neoliberalismo, que enfraqueceu ainda mais a classe trabalhadora. No entanto, a partir da análise dos movimentos com os quais trabalho, a raiz do problema é o capitalismo como um sistema sócio-político econômico.

Uso a expressão "direito à água" para me referir à ideia de um direito coletivo que articula a concepção de que a água não é uma mercadoria, mas uma fonte essencial para a produção e reprodução da vida humana e não humana. Uso-a seguindo o exemplo dos participantes dos movimentos que conheci, com os quais trabalhei, entrevistei e aprendi, que articulam o "direito à água" como uma luta contra o acúmulo de água para o lucro.[1]

Existem seis formas de apropriação de água: 1) privatização (de água potável e saneamento); 2) água engarrafada; 3) água para a indústria extrativa; 4) expropriação da terra para agricultura de exportação; 5) construções de grandes barragens; e 6) financeirização. Todas essas formas de posse de água resultaram em momentos de resistência (Bieler, 2021; Bieler; Moore, 2023). A financeirização da água, também conhecida como "privatização da vida", que transforma a água em uma mercadoria para especulação, estará cada vez mais relacionada à condução das cinco outras formas de privatização da água (Ideas for Development, 2020). Este artigo enfoca principalmente a privatização da água potável e examina a luta do movimento social pelo direito à água (segura, pública e acessível) nos Estados Unidos com base no meu trabalho entre 2017 e 2021 com uma coalizão sediada em Pittsburgh, Pensilvânia, chamada Our Water Campaign (Nossa Campana pela Água ou OWC). Argumento que a resistência contra a privatização da água e por sua remunicipalização nos Estados Unidos é política, e não apenas pragmática. Os movimentos trabalharam para chamar a atenção para a função da indústria privada de causar problemas e para defender a água pública.

---

[1] Quero observar que cada vez mais empresas, como as gigantes da privatização da água Veolia e Suez, também estão usando e se apropriando da linguagem dos direitos. A linguagem dos direitos é muitas vezes elaborada "de cima para baixo" e pelo mundo ocidental. Portanto, ela também pode ser manipulada e abusada, e acho que isso destaca a necessidade de estar sempre em sintonia com a posição e com quem fala.

Privatização da água no mundo

Em 2010, as Nações Unidas declararam[2] o acesso à água e ao saneamento um direito humano; esse direito à água permanece longe de ser realizado, no entanto, tanto globalmente quanto nos Estados Unidos. O "direito à água" é uma mensagem abraçada por movimentos que se opõem à sua privatização. Essas campanhas e movimentos estão frequentemente ligados à luta contra outras formas de privatização de recursos, bem como aos esforços contra as mudanças climáticas (Shiva, 2016; Broad, Cavanagh, 2021; Robinson, 2013; Subramaniam, 2014; Bakker, 2007; Barlow; Clarke, 2002; Almeida, 2014, 2019; Olivera; Lewis, 2004; Bieler, 2021). A maioria dessas ações até agora ocorreu no Sul Global. Ainda assim, elas também estão se tornando mais comuns no Norte Global, particularmente em resposta à intensificação das políticas neoliberais, ao envelhecimento da infraestrutura urbana e a programas de austeridade estatal (Bieler, 2021; Sultana, 2018; Robinson, 2013; Subramaniam, 2018; Bakker, 2007; Schroering, 2024).

A luta que ocorreu em Cochabamba, Bolívia, no início dos anos 2000, é anunciada na literatura do movimento pelo direito à água como uma história de sucesso dos movimentos pelo direito à água (Laurie, 2011). Em meio a uma era de crise do Estado na virada do século XXI, a luta de Cochabamba reuniu uma ampla coalizão de cidadãos que interromperam com sucesso a privatização de sua água (Fabricant, 2012; Hylton; Thomson, 2009; Nowak, 2016). Como escreve Vandana Shiva, o exemplo boliviano mostra "que a democracia real, a democracia viva, não pode ser delegada a políticos profissionais ou a qualquer setor

2 A Assembleia Geral das Nações Unidas reconheceu o direito humano à água e ao saneamento em 28 de junho de 2010 por meio da Resolução 64/292. Disponível em: www.un.org/waterforlifedecade/human_right_to_water.shtml.

da sociedade. Isso só pode ser alcançado por meio de coalizões arco-íris [*rainbow coalitions*] baseadas na confiança, não na dominação e controle" (Olivera; Lewis 2004, p. X, tradução nossa).

Na América Latina, a privatização da água está ligada à tendência maior de reformas neoliberais que varreu a região nas décadas de 1980 e 1990 (Sawyer, 2004; Harvey, 2004; Zimmerer, 2015; Olivera; Lewis, 2004; Subramaniam, 2014; Almeida, 2014, 2019). Essa história se relaciona com o que James Petras escreve sobre as políticas imperialistas neoliberais:

> O avanço do imperialismo econômico dos Estados Unidos durante o período 1975-2000 se manifestou na adoção de políticas neoliberais, na pilhagem de recursos nacionais, no aumento das dívidas ilícitas e na transferência para o exterior de bilhões de dólares. No entanto, a concentração de riqueza e propriedade precipitou uma profunda crise socioeconômica em toda a região que acabou levando à derrubada ou destituição dos colaboradores imperialistas no Equador, Bolívia, Venezuela, Argentina, Brasil, Uruguai, Paraguai e Nicarágua. Principalmente no campo, poderosos movimentos sociais anti-imperialistas surgiram no Brasil e nos países andinos. Movimentos de trabalhadores desempregados urbanos e sindicatos de funcionários públicos na Argentina e no Uruguai lideraram mudanças eleitorais, levando ao poder regimes de centro-esquerda que 'renegociaram' as relações com o Estado imperial dos Estados Unidos. (Petras, 2019, p. 18, tradução nossa)

Mangala Subramaniam (2014) oferece uma análise da privatização da água e das reformas neoliberais do Estado na Índia. Subramaniam discute como as políticas neoliberais que privatizaram a água e "bens comuns" causaram a expropriação dos recursos locais, e os moradores, por sua vez, resistiram (Subramaniam, 2014, p. 401). Ela postula que o Estado (neste caso, a Índia) e as políticas que ele implementa desempenham uma função significativa na configuração da globalização neoliberal, tanto em âmbito local quanto estatal. O inverso também é verdadeiro: as comunidades resistem e desafiam as políticas que moldam o processo de globalização. Cada vez mais, no entanto, tem se mostrado um desafio para os governos gerenciarem a água para atender às necessidades sociais de forma adequada (Subramaniam, 2014, p. 407). Subramaniam observa que a mercantilização e a privatização da água levaram às mobilizações de cidadãos/moradores exigindo voz na gestão da água. Embora o estudo de Subramaniam mostre a Índia, ela argumenta que isso contribui para os estudos de "acumulação por despossessão" em geral (com base no trabalho de David Harvey) e que sua análise da luta pelos direitos da água é relevante para a política em outros países (Subramaniam, 2014, p. 395; Harvey, 2004).

Olivera e Lewis discutem como a tentativa de privatizar a água na Bolívia foi o início da luta e que não se trata apenas da água, mas de outros recursos, como petróleo e gás. Eles observam que há dois tipos de privatização que devemos enfrentar. O primeiro é "propriedade privada de corporações transnacionais". O segundo é a "propriedade privada do Estado", que visa o controle da riqueza social sem a palavra do povo, sem a palavra da democracia (Olivera; Lewis, 2004, p. 156).

Permanece uma escassez de estudos sobre a privatização da água e a mobilização dos movimentos sociais contra ela nos Estados Unidos. Os estudos que examinaram a remunicipalização nos Estados Unidos não enfocaram a mobilização dos movimentos sociais. Alguns estudos argumentaram que razões pragmáticas (como economia de custos e qualidade de serviço), mais do que políticas, levaram à remunicipalização nos Estados Unidos; em outras partes do mundo, tem sido mais político e conectado a movimentos sociais (Warner; Aldag, 2019; McDonald, 2018). No entanto, argumento que há exemplos de mobilização dos moradores servindo como um ímpeto crítico na luta e prevenção da privatização nos Estados Unidos e na luta por uma governança mais equitativa, ambientalmente correta e transparente. Os movimentos também trabalharam para chamar a atenção para a função da indústria privada – e não simplesmente para a governança pública – em causar problemas de qualidade da água, inclusive em Flint, no estado do Michigan. As lutas pela água rapidamente se transformam em lutas pela austeridade e pela função do Estado e do poder corporativo, e formações de movimentos contra-hegemônicos e multissetoriais estão crescendo e emergindo para lutar por meios de subsistência e conectar questões de injustiça e desigualdade. Em outras palavras: a resistência contra a privatização da água e pela remunicipalização da água nos Estados Unidos é política (González Rivas; Schroering, 2021).

Décadas de reformas de austeridade e desinvestimento na infraestrutura de água pública estão impulsionando os esforços para a remunicipalização e demandas por melhorias na infraestrutura. Os sistemas de água potável do país também precisam urgentemente de melhorias na infraestrutura:

> Em 2017, a Sociedade Americana de Engenheiros Civis (ASCE) deu aos sistemas de água potável do país [Estados Unidos] uma nota 'D'. Muitos dos milhões de tubos que fornecem água para residências, fábricas e edifícios comerciais foram colocados no início do século XX com uma vida útil de 75 a 100 anos, o que significa que muitos estão no fim de sua vida útil. Estima-se que haja 240 mil rompimentos em canos principais nos Estados Unidos a cada ano, desperdiçando mais de 2 trilhões de galões de água potável tratada anualmente. Além disso, alguns encanamentos em cidades e residências mais antigas contêm chumbo, que pode vazar para a água, causando sérios problemas de saúde. A American Water Works Association estima que US$ 1 trilhão nos próximos 25 anos seja necessário para manter e expandir o serviço para atender às necessidades de água do país. (ITPI, 2019a, p. 2, tradução nossa)

Embora a atenção nacional para o problema do acesso seguro e acessível à água nos Estados Unidos possa não ter alcançado os holofotes nacionais até a crise de Flint, em 2014, a situação já era um problema muito anterior.

Nos Estados Unidos, houve um movimento nos anos 1800 e 1900 para criar sistemas públicos de água. Isso ajudou a garantir e expandir o acesso à água potável, o que também reduziu significativamente as taxas de doenças e mortalidade. A água como bem público está – e sempre esteve – vinculada à saúde pública, um ponto ainda mais destacado em meio à pandemia de covid-19 (McDonald; Sprunk; Chavez, 2021). Nove em cada dez pessoas nos Estados Unidos recebem água de uma concessionária pública, e a tendência é a remunicipalização, devolvendo à esfera pública serviços que foram privatizados (Food and Water Watch, 2016). Globalmente, a remunicipalização de serviços públicos que foram privatizados, incluindo a água, está crescendo, o que sugere uma reversão da tendência de privatização que ocorreu nas décadas de 1980 e 1990 (McDonald, 2018). Quinhentos dos maiores sistemas de água dos Estados Unidos mostraram que as concessionárias privadas cobraram uma média de 59% a mais do que os sistemas controlados publicamente (aproximadamente US$ 315,00 por ano para 60 mil galões, contra US$ 500,00, para uma empresa privada). Na Pensilvânia, as concessionárias de água privatizadas cobraram 84% a mais do que as públicas; em Nova Jersey, as pessoas em sistemas privados pagam 79% a mais (Food and Water Watch, 2016). Estudos e experiências mostram que a privatização da água significa taxas mais altas e água de menor qualidade. Consequentemente, locais que privatizaram a água estão se voltando para reivindicá-la como pública em um processo chamado "remunicipalização" (Pearson *et al.*, 2021, p. 3, tradução nossa).

Existem várias razões para a tendência global de remunicipalização, além do aumento do custo e da redução da qualidade com a privatização (McDonald; Swyngedouw, 2019; Bel, 2020; Wait; Petri, 2017). A água como bem público possibilita mais responsabilidade, transparência e mais espaço para a participação do cidadão na estrutura de governança (Planas; Martinez, 2020; Lobina; Hall, 2008). Os serviços públicos não são automaticamente responsáveis e transparentes para o público, mas, em comparação com os serviços privados, há mais espaço para os residentes exigirem transparência e responsabilidade (Subramaniam, 2018; Kishimoto *et al.*, 2017; Holmsy; Warner, 2020). Em suma, o custo é uma razão significativa para a virada da remunicipalização; mas outra razão importante é que os serviços públicos são, por definição, mais responsáveis e transparentes para o público. E, quando não são, há espaço para responsabilizá-los, porque são controlados publicamente. Discorro mais sobre o assunto na discussão sobre Pittsburgh, mais adiante.

O aumento da inacessibilidade da água está documentado em Baltimore, Cleveland, Chicago, Oakland, Pittsburgh e em outros lugares nos Estados Unidos, e não há programas federais permanentes para ajudar a compensar o custo da água para pessoas de baixa renda (Montag, 2019; Vanderwarker, 2012, p. 62-63; González Rivas, 2020). Há também uma conexão explícita entre raça e acessibilidade à água, com comunidades negras e outras comunidades racializadas desproporcionalmente impactadas pelos custos crescentes nos Estados Unidos (Montag, 2019, p. 8). Desde 2010, as contas de água nos Estados Unidos aumentaram 80%, e duas em cada cinco famílias estadunidenses têm problemas para pagar suas contas de água. A pandemia de covid-19 agravou ainda mais essa crise e destacou o quão crítico é o acesso à água potável (Lakhani, 2020a; González Rivas, 2020).

Os Estados Unidos se destacam entre os países de alta renda pela falta de proteções federais. Por exemplo, no Reino Unido há uma proibição de desligamentos; na Itália, há garantias mínimas de água; existem tarifas sociais e fundos sociais em vários outros lugares da Europa (Closing the Water Gap, 2022; Warner; González Rivas; Zhang, 2021). Além disso, mais de 1 milhão de pessoas nos Estados Unidos vivem sem água encanada, 73% das quais vivem em grandes centros urbanos. As pessoas negras são 35% mais propensas a não ter água encanada do que as famílias brancas, tornando isso também uma questão significativa de injustiça ambiental (Lakhani, 2020b). Embora algumas localidades e estados tenham estabelecido programas de assistência ao cliente, a falta de um programa nacional de acesso à água tem implicações significativas, incluindo falta de consistência nos padrões do programa, requisitos de elegibilidade, nível de assistência fornecida e falta de disponibilidade de dados relatados. O atual Programa de Assistência à Água para Domicílios de Baixa Renda (LIHWAP) é apenas um programa temporário de emergência (Department of Human Services, 2022).

A literatura sobre o assunto também demonstrou que a mobilização dos cidadãos e a oposição à privatização crescem à medida que as pessoas enfrentam aumentos nas taxas e outros efeitos adversos da privatização (Subramaniam, 2018; Bakker, 2007). A pressão do movimento social também é fundamental na promoção da água e nas responsabilidades públicas, transparência, regulamentação, monitoramento e equidade. A literatura sobre justiça da água mostrou que essa mobilização do poder popular foi crucial para prevenir a privatização, revertê-la e moldar a governança pública da água para que esta se torne mais democrática (Robinson, 2013; Brown; Neves-Silva; Heller, 2016; Sultana; Loftus, 2012; Holmsy; Warner, 2020; Subramaniam, 2014). Essa literatura também aborda como esses movimentos locais que lutam contra a privatização estão ligados a estruturas econômicas globais maiores, entendendo que a comunicação entre as lutas do movimento está crescendo (Robinson, 2013; Sultana; Loftus, 2012; Subrmaniam, 2018; Sultana, 2018; Almeida, 2014, 2019; Oliveira; Clark, 2004).

Assim como os atores corporativos e governamentais se organizam para controlar e lucrar com a água, os movimentos se organizam para lutar pelos recursos hídricos. No entanto, até que ponto esses exemplos de "direito à água" são ocorrências isoladas ou parte de um movimento global interconectado é uma questão que permanece pouco examinada na literatura acadêmica de estudos de movimentos sociais nos Estados Unidos. A captura de água – seja no contexto de uma barragem hidrelétrica, de água potável ou de outras várias formas, como Bieler (2021) escreveu – e a resistência contra ela é um conflito entre duas lógicas: a lógica de que os capitalistas devem ser capazes de controlar e lucrar com os recursos *versus* a lógica de que os recursos devem estar sob controle das pessoas e usados para apoiar e sustentar a vida de todos. Essas narrativas concorrentes não são exclusivas de nenhuma luta ou país.

Prevenção corporativa e água contaminada

Quando a crise do chumbo me atingiu em 2016, eu me senti pessoalmente conectada a ela (testei a água na minha casa e o nível de chumbo era de 100 partes por bilhão),[3] e me senti convencida de que tinha a responsabilidade de lutar por

[3] Para fins de contexto, a Regra de Chumbo e Cobre da Pensilvânia estabelece um limite de 0,015 mg/L para chumbo na água. A Agência de Proteção Ambiental dos Estados Unidos (EPA) estipula que ações devem ser tomadas se os níveis de chumbo na água estiverem acima de 15 ppb (Pennsylvania Department of Environmental Protection, 2021; United States Department of Environmental Protection, 2021).

água potável limpa e pública. Como muitas outras cidades dos Estados Unidos, Pittsburgh tem uma infraestrutura obsoleta que precisa de reparos significativos. A Autoridade de Água e Esgoto de Pittsburgh (PWSA), a empresa de serviços públicos da cidade, também foi afetada por problemas administrativos e dificuldades financeiras causadas pela crise financeira de 2008, quando a PWSA perdeu mais de US$ 100 milhões após investir em *swaps* de inadimplência de taxas de juros arriscadas (Shaw, 2019). Para "consertar" esse problema, Pittsburgh buscou a ajuda de uma empresa privada – como outras cidades do país que buscavam economias de curto prazo firmando parcerias público-privadas (PPPs). Pittsburgh contratou a Veolia em 2012 para gerenciar as operações, e o contrato estipulava que a empresa ficaria com até 50 centavos para cada dólar economizado sob sua gestão (Lurie, 2016).

As mudanças feitas sob a gestão da PWSA pela Veolia incluíram a mudança para um novo sistema de faturamento para modernizá-lo. Isso resultou, no entanto, em erros significativos de faturamento e cobrança excessiva. Em maio de 2015, alguns moradores de Pittsburgh processaram a Veolia North America Water por erros de faturamento. No final de 2015, a PWSA dispensou 23 trabalhadores,[4] incluindo gestores de segurança e qualidade da água. Além disso, os chefes de finanças e engenharia e a equipe do laboratório, responsáveis pelo teste de amostras de água, foram cortados pela metade. De acordo com Veolia, a essa altura, eles estavam em uma função de consultoria, e não de gestão, e não se responsabilizavam pelas dispensas. O controlador da cidade, Michael Lamb, em sua auditoria

4 Em média, a privatização da água leva a uma taxa de perda de empregos de 34%, além de sérias interrupções na qualidade do serviço (Food and Water Watch, 2009).

posterior da PWSA, no entanto, descobriu que "a economia de custos com a redução de pessoal no laboratório" fazia parte das "iniciativas de melhoria que a Veolia negociou e pelas quais foi paga" (Office of City Controller, 2017, p. 13, tradução nossa). Em dezembro de 2015, em face da ação judicial dos cidadãos, Pittsburgh rescindiu o contrato com a Veolia e devolveu todo o controle aos funcionários públicos responsáveis (Lurie, 2016).

Em 2014, enquanto a PWSA estava sob a gestão da Veolia, uma mudança foi feita para o controle de corrosão, trocando por um produto químico mais corrosivo (que causou mais lixiviação de chumbo no sistema), mas mais barato. Isso ocorreu sem testes ou autorização do Departamento de Proteção Ambiental (DEP), do conselho PWSA ou da cidade de Pittsburgh (Addison, 2017). Em outubro de 2015, o superintendente de manutenção da PWSA pareceu receber o crédito por substituir o carbonato de sódio pela soda cáustica mais barata em uma mensagem de *e-mail* para a equipe, elogiando os benefícios de redução de custos. No entanto, outros, incluindo porta-vozes da PWSA e o prefeito de Pittsburgh, continuaram culpando a Veolia pela mudança, observando que ela ocorreu sob sua gestão. O DEP citou a PWSA em abril de 2016 por não notificá-lo sobre a troca química; a PWSA divulgou declarações colocando a culpa na Veolia. Durante o verão de 2016, a PWSA informou a 81 mil lares que Pittsburgh tinha um nível significativo de chumbo na água; aproximadamente 20 mil casas tinham linhas de serviço de chumbo, e testes recentes mostraram que os níveis de chumbo estavam acima dos limites permitidos pela EPA.[5] Em outubro de 2016, a PWSA processou a Veolia por causar a crise de chumbo; em 2017, a Veolia abriu processo por difamação. No final das contas, as partes

[5] Trata-se do primeiro teste realizado desde 2013.

resolveram a questão fora do tribunal (Lurie, 2016; Addison, 2017; notas de campo, 2017).

Em abril de 2014, os moradores de Flint abriram suas torneiras e puderam perceber o cheiro e o gosto desagradáveis, com água colorida saindo deles; a água, envenenada com chumbo e outros contaminantes que excediam os limites da EPA, não estava adequada para consumo. Desde 2014, Flint se tornou um assunto de conversa nacional e tema de vários estudos, artigos e livros. Flint é uma cidade de 100 mil habitantes, majoritariamente negra, e o que aconteceu lá gerou mais discussões sobre os problemas de racismo ambiental nos Estados Unidos. A crise de Flint também atraiu mais atenção para os problemas galopantes de desigualdade estrutural e racismo institucionalizado (Menendian, [s.d.]) nos Estados Unidos, bem como para décadas de desinvestimento em infraestrutura pública e negligência por parte de funcionários eleitos para servir seus cidadãos (Pulido, 216; Clark, 2018). O que tem recebido menos atenção, porém, é a participação dos atores corporativos (especificamente Veolia e Nestlé) em causar a crise. Há culpa em Flint, com certeza. No entanto, como uma ativista de Flint observou no Congresso Sobre o Direito Humano à Água em Abuja, Nigéria, em 2019: "Veolia também [se] implicou... disse que não havia problema em fazer a troca. O que era mentira. Depois da crise, a Nestlé interveio e se candidatou para perfurar os Grandes Lagos (34% da água doce do país), e o governador, cuja esposa faz parte do conselho da Nestlé, permitiu. Por US$ 200,00 ao ano, a Nestlé bombeia isso..." (notas de campo, 29 de janeiro de 2019; ver também Glenza, 2017). A ativista de Flint também falou sobre como sua casa usa de quatro a cinco caixas de água engarrafada por dia e tem que usá-la para tudo, inclusive para animais de estimação. Isso coloca as pessoas à mercê de distribuidores de água engarrafada. A partir dessa experiência, os moradores da comunidade decidiram lutar e criar a Flint Rising. Sobre a Veolia, ela acrescentou: "meu coração está com todos vocês [...] quando soube do possível contrato com a Veolia, pensei: 'Eles ainda vão se safar com isso?' Todo mundo no mundo ouviu falar de Flint [...] eles mataram pessoas/ajudaram a matar pessoas e ainda estão escapando impunes" (notas de campo, 29 de janeiro de 2019; ver também Glenza, 2017).

Como reportado pelo *The Guardian*, em 9 de fevereiro de 2015, o vice-presidente de desenvolvimento da Veolia enviou uma mensagem para outros executivos da empresa afirmando: "Não repasse isso [...] A cidade, entretanto, precisa estar ciente desse problema com o chumbo e operar o sistema para minimizar isso tanto quanto possível e considerar o impacto em planos futuros. Já tínhamos identificado isso como algo a ser revisto". Em outra mensagem para um engenheiro da empresa, ele acrescentou: "Sim. O chumbo parece ser um problema". Essas mensagens vieram à tona depois que o procurador-geral de Michigan abriu um processo contra a Veolia, dizendo que a empresa havia dado à cidade um conselho terrível e não defendia mais precauções contra a corrosão quando sabia do problema do chumbo. Embora o caso tenha sido arquivado por motivos processuais, mais de uma dúzia de ações judiciais foram movidas por residentes de Flint. Como relatou o *The Guardian*: "Os e-mails internos da Veolia mostram que os executivos da Veolia foram rápidos em reconhecer que o sistema de água de Flint estava repleto de problemas decorrentes da falta de investimento, equipamentos desatualizados e trabalhadores não qualificados". Um executivo da Veolia enviou uma mensagem (também em fevereiro de 2015) relatando que o trabalho em Flint poderia resultar em um contrato de US$ 15 milhões a US$ 30 milhões; a Veolia afirma que suas recomendações não foram influenciadas por perspectivas de negócios (Holden *et al.*, 2019). Mesmo antes de essa notícia estourar, em fevereiro de 2018 a Veolia decidiu encerrar as "soluções de desempenho de pares" (um tipo de PPP aqui nos Estados Unidos), com analistas da indústria citando o desastre de relações públicas de Pittsburgh como o motivo (Global Water Intelligence, 2018, p. 12; 2019).

A Veolia, suas subsidiárias e executivos também estiveram sob investigação em vários países ao longo dos anos (Fonger, 2019; Hosea; Lerner, 2018). Entre 2006 e 2012, existiram mais de 50 campanhas documentadas contra a Veolia (Brown, 2019). A Veolia é uma das empresas que tenta controlar o abastecimento de água em Lagos, na Nigéria (a cidade mais populosa do continente africano), provocando críticas. Como afirmou outro ativista de Flint, "eles têm um histórico de envenenamento de comunidades negras nos Estados Unidos e não deveriam envenenar a maior cidade africana do continente" (Mark, 2018, tradução nossa).

Como resultado da conexão com a Veolia, a Corporate Accountability também é parceira da OWC em Pittsburgh, trazendo aspectos nacionais e transnacionais para uma campanha local. Membros da OWC, a convite de ativistas nigerianos do Our Water, Our Right (OWOR), participaram do Congresso sobre o Direito Humano à Água em Abuja, Nigéria, em janeiro de 2019. O encontro aconteceu para compartilhar experiências de privatizações fracassadas (especialmente envolvendo a Veolia) e criar estratégias de soluções. A OWOR é uma campanha de Responsabilidade Corporativa e Participação Pública na África (Cappa)[6] e tem parceria com a Corporate Accountability.[7]

6 Na época da Cúpula, a Cappa era ainda conhecida como Era, mas eu uso o nome atual aqui.

7 Para obter mais detalhes sobre como a Corporate Responsibility está lutando contra a privatização da água em todo o mundo, consulte aqui: www.corporateaccountability.org/water/about-water-campaign/.

As pessoas estão lutando contra a privatização em todo o mundo e, como afirma um relatório do In The Public Interest (ITPI): "As mesmas políticas neoliberais fracassadas de redução de impostos corporativos e eliminação de programas públicos que prejudicaram o Chile estão atingindo com força lugares como St. Clairsville – e Flint, e Baltimore, e..." (ITPI, 2019b, tradução nossa).

> O ITPI define 'parcerias público-privadas' como o seguinte: 'Parceria público-privada' ou 'P3' é um termo impreciso usado para se referir a diferentes tipos de acordos contratuais entre uma entidade governamental e uma entidade privada. No setor de água, P3 normalmente se refere a uma das seguintes estruturas de negócios listadas abaixo. Observe que os dois tipos de contratos podem durar décadas, normalmente de 30 a 50 anos. (ITPI, 2019a, p. 3-4, tradução nossa)

Os riscos das P3s incluem perda de controle público sobre as decisões de política/planejamento, uma vez que os lucros orientam as decisões sobre o que é construído (prejudicando as áreas rurais e de baixa renda); as P3s também limitam o acesso e a acessibilidade; o corte de custos leva a pular etapas; os trabalhadores recebem salários mais baixos; a transparência e a opinião pública são perdidas. Como Donald Cohen argumenta, a função da Veolia no desastre de Flint é esquecida:

> O sistema de água de Flint precisa ser consertado hoje, independentemente dos custos. Mas uma coisa deveria estar completamente fora de questão: a privatização. Frequentemente, as promessas feitas por empresas privadas de água – como a Veolia – custam o aumento vertiginoso das taxas de água e riscos para a saúde pública. E os clientes em comunidades que vendem ou alugam seus sistemas de água pagam mais do que os residentes que vivem em comunidades com serviços públicos. A privatização é uma página da cartilha do 'governo menor', a mesma cartilha que o governador de Michigan, Rick Snyder, usou quando aprovou uma lei permitindo que

'gerentes de emergência' assumissem os municípios e conselhos escolares carentes de dinheiro do Estado. Foi um dos gerentes de emergência de Snyder – que tinha autoridade irrestrita sobre os funcionários eleitos locais de Flint – que decidiu trocar os canos da cidade por água contaminada. Em seu relatório, a Veolia elogiou o governo de Flint por ser 'transparente e responsivo', mas eles estavam elogiando um governo governado por um dos gerentes de emergência de Snyder. O mesmo gerente que rejeitou o conselho da cidade de Flint – eleito democraticamente pelos residentes – quando eles votaram para voltar à velha água limpa depois de receber o relatório de Veolia. O gerente classificou a mudança de volta como 'incompreensível' porque custaria dinheiro. Então, quando as pessoas dizem que a tragédia de Flint é uma falha do governo, elas realmente querem dizer que é uma falha de dirigir o governo como uma empresa. (Cohen, [s.d.], [s.p.], tradução nossa)

A Corporate Responsibility, uma das entidades que trouxeram à tona o encobrimento de mensagens da Veolia, trabalha para impedir que "as corporações transnacionais devastem a democracia, atropelem os direitos humanos e destruam nosso planeta". Eles trabalharam com a Flint Rising, um grupo que surgiu da crise de Flint e "que tem liderado os apelos por responsabilização. Suas demandas incluem a substituição de linhas de serviço de chumbo, 100% de reembolso de contas e serviços gratuitos de saúde e educação para a comunidade" (Corporate Accountability, 2021, tradução nossa).

Muitos (se não a maioria) exemplos de movimentos contra a privatização da água são qualificados como "*place-bound*" (limitados ao lugar), porque estão focados em lutas locais (ou nacionais) para o controle da água. Esses movimentos são sobre soberania e defesa dos bens comuns (especificamente da água) contra corporações e políticos que buscam lucrar com os bens comuns que todos deveriam compartilhar. Isso contradiz diretamente a lógica extrativista da globalização capitalista, que privilegia a escala global em detrimento da local. Nesse sentido, a identificação da questão desses movimentos não se limita apenas ao local, uma vez que esses grupos articulam o interesse em conectar seu esforço local a uma luta global mais ampla pela água como um direito humano (Escobar, 2008; Desai, 2015; Banerjee, 2011, 2018).

Algumas dessas lutas locais também funcionaram para proibir a privatização da água. Baltimore se tornou a primeira cidade dos Estados Unidos a proibir a privatização da água. Em novembro de 2018, 77% dos eleitores aprovaram a emenda da Carta que proíbe a privatização dos sistemas de água e esgoto[8] (Eckel, 2018). Enquanto Baltimore é a primeira cidade nos Estados Unidos a garantir por lei que seu sistema de água e esgoto não pode ser privatizado, outras cidades também estão se movendo nessa direção. Bieler e Moore (2023) também escrevem sobre a importância do conceito de água como um bem comum e como ele está interligado com um esforço contra-hegemônico mais amplo.

No entanto, esses sucessos não significam que a ameaça de privatização da água tenha acabado. A recente decisão de começar a negociar água em Wall Street (Chipman, 2020) é parte de um movimento das corporações para argumentar que a mercantilização da água e o incentivo ao controle privado ajudarão a reduzir custos e melhorar a sustentabilidade ambiental. Na verdade, como Stephen Gasteyer *et al.* (2012) argumentam, a captura de água é uma nova forma de colonialismo, expropriando populações indígenas e camponesas de suas terras em nome do lucro do investidor.

---

[8] O tópico de lutas transnacionais ou "translocais" é algo que discuto na última seção deste artigo.

Água é uma questão de justiça ambiental e direitos humanos

Muitos movimentos pelo direito da água ao redor do mundo utilizam a estrutura da justiça ambiental para descrever seus esforços, incluindo a OWC. O Movimento de Justiça Ambiental dos EUA começou com foco na exposição desproporcional ao despejo de lixo tóxico enfrentada pelas comunidades negras (Brulle; Pellow, 2006; Bullard, 1993; Cole; Foster, 2001). O contexto latino-americano é historicamente mais focado em conflitos de recursos (Altieri; Toledo, 2011; Carruthers, 2008; Roberts; Thanos, 2003; DiChiro, 1998; Sawyer, 2004; Lewis, 2016). O estudioso de justiça ambiental Robert Bullard afirma que todas as questões de injustiça ambiental estão conectadas porque as raízes estão no mesmo lugar: exploração econômica e racial, opressão e uma desvalorização geral da vida (Bullard, 1993, p. 19). Isso se relaciona a uma discussão contínua, em sua dissertação, sobre a função da economia global na exploração das pessoas e na degradação da terra. No contexto da luta pelo direito à água em Pittsburgh, esse é muito mais um conflito de recursos em torno de quem controla a água, assim como uma luta para que as pessoas vivam em uma cidade com água potável e rios não contaminados com chumbo e esgoto.

A ideia de que a água é um direito humano (e, portanto, deve ser publicamente controlada, segura, limpa e acessível) constitui a base de como a OWC vê a água. A OWC participou das reuniões do conselho da PWSA durante a campanha, com moradores registrados para falar durante comentários públicos na maioria das reuniões. A participação variava de acordo com a agenda, mas frequentemente havia dez ou mais pessoas que erguiam uma faixa da OWC enquanto diferentes residentes, que também representavam a campanha, falavam. Essa experiência mostrou uma combinação de abordagens, de incentivo e castigo, com relação à PWSA: oferecer elogios por se mover na direção certa e falar sobre a importância de manter a autoridade pública para responder às demandas dos cidadãos e pressionar a PWSA a agir. Por exemplo, em uma reunião da diretoria da PWSA, um integrante da OWC falou que a diretoria mostrou coragem com seus esforços, especialmente em torno da luta por "infraestrutura verde", para colocar uma moratória nas interrupções e impedir substituições parciais de cabos. O organizador de justiça ambiental da OWC também disse ao conselho para continuar tendo a coragem de manter a PWSA pública e expressou claramente que a OWC se opunha a qualquer forma de privatização, incluindo parcerias público-privadas. Outra pessoa falou sobre a necessidade de não apenas de uma moratória, mas de uma proibição total de fechamentos, e pediu mais estratégias para mitigar os impactos dos aumentos nas tarifas de água para residentes de baixa renda.

Depois de aprovar um aumento de orçamento para o programa de substituição da linha de serviço principal de 2018, um membro do conselho da PWSA observou que a PWSA havia substituído 605 linhas de serviço principais, deixando um pouco mais de 700 para completar em 2018. Ele disse: "nosso palestrante estava certo, é preciso coragem para aprovar um projeto de US$ 44 milhões, mas tem que ser feito" (notas de campo, 15 de dezembro de 2017). A ideia de que as pessoas têm um direito inerente à água norteou o trabalho da OWC, inclusive em sua defesa de uma moratória sobre o fechamento de empresas. A OWC defendeu isso e, em outubro de 2017, a PWSA emitiu uma moratória de inverno sobre o fechamento de água. A OWC também pressionou para expandir o Programa de Assistência ao Cliente (ou CAP)[9] para 250% do nível de pobreza.

[9] Vale ressaltar que a linguagem aqui é a de "cliente", sugerindo que a água é algo a ser comprado, uma mercadoria – mesmo quando controlada pela autoridade pública de água.

Como escrevi em minhas anotações de campo em junho de 2017, muitos residentes não sabiam sobre o que estava acontecendo:

> [a maioria dos moradores] não está ciente dos esforços para privatizar e o que isso significa [...], eles não estão cientes de quão ruim é o problema do chumbo [...] e a percepção de que [o prefeito] Peduto não deseja privatizar não é totalmente exata. Embora o declare em público, suas declarações a portas fechadas contam uma história diferente. (Notas de campo, 15 de junho de 2017)[10]

Ficou claro que estava em jogo o significado da "privatização", que não incluía PPPs na definição de muitos governantes eleitos, incluindo o prefeito. Os exemplos a seguir procuram ilustrar isso.

O prefeito de Pittsburgh montou um "Blue-Ribbon Panel" (BRP) em março de 2017 para examinar a reestruturação da PWSA. No cenário de PPP pós-Veolia (que terminou em 2015), essa foi a primeira vez que a ameaça de privatização apareceu novamente. A crise de contaminação do chumbo – e alguns discursos entre líderes políticos ansiosos para colocar a culpa exclusivamente na PWSA enquanto ignorava completamente a função que a Veolia desempenhou – criou uma situação desafiadora para a PWSA. Isso se agravou com avisos de água fervente, quebras de água principais e erros de faturamento contínuos (que também começaram sob a gestão da Veolia) (Members of the Mayor's Blue Ribbon Panel, 2018).

No outono de 2017, a consultoria IMG (uma empresa pró-PPP escolhida pela cidade) apresentou recomendações ao BRP, incluindo várias formas de privatização. A OWC e outros grupos cívicos e comunitários participaram dessas reuniões pú-

---

10 Veja também Shields (2019).

blicas de opinião, afirmando a necessidade de manter o PWSA Público. Eles citaram a Veolia como uma razão pela qual as PPPs não atendem aos melhores interesses da cidade. A OWC também trabalhou para ajudar os residentes a comparecerem e para que cada parceiro da coalizão se comprometesse com um certo número de pessoas que compareceriam.[11] Os representantes da coalizão, outros parceiros e moradores individuais enfatizaram o seguinte: já vimos a Veolia chegando e cortando funcionários e implementando medidas perigosas para corte de custos que levaram à crise de chumbo em nossa cidade; as empresas privadas sempre priorizarão o lucro sobre as necessidades dos moradores de Pittsburgh; a necessidade de água potável, segura e saudável é muito importante e não deve ser deixada nas mãos de empresas; e precisamos expandir o controle público e democrático sobre os recursos vitais para permitir que nossas comunidades prosperem.

Após essas reuniões, o BRP também convocou uma reunião pública para compartilhar suas recomendações finais. A OWC planejou participar dessa reunião e se preparou para ela. Em um encontro antes da reunião do BRP, a discussão se concentrou na necessidade de manter a governança pública e democrática (notas de campo, 24 de janeiro de 2018). No dia 30 de janeiro de 2018, o BRP realizou uma reunião sobre a reestruturação da PWSA e citou os avisos de liderança, infraestrutura decadente e água fervente como razões pelas quais isso era necessário (notas de campo, 30 de janeiro 2018; ver também Schroering, 2024, p. 60). No decorrer do relatório, falando para uma sala de aproximadamente 60 pessoas, o painel observou a defesa anterior dos cidadãos e da OWC, e um membro do BRP disse:

---

[11] Para todos os eventos e ações, a organizadora da campanha pedia aos integrantes da mesa que se comprometessem a trazer várias pessoas.

"Queremos ouvir de você... não quero [não queremos] que seja um monólogo". A principal descoberta do BRP foi que, embora a PWSA tivesse feito um progresso vital nos últimos meses, era necessário fazer mais. A ordem executiva do prefeito de 22 de janeiro também estipulou a necessidade de fazer mudanças na governança até 31 de março de 2018. As pessoas expressaram várias preocupações durante o período de comentários públicos. Com dois minutos cada, mais de uma dúzia de pessoas falaram durante os comentários públicos e observaram a necessidade de garantir a responsabilidade pública, democracia, representação e transparência em qualquer nova estrutura de governança.

Um dos membros do BRP fez uma declaração em resposta a um comentário sobre a necessidade de prestação de contas de que "a água não é um direito inalienável que deveria ser gratuito" (Schroering, 2024, p. 60, tradução nossa). Um organizador ligado à OWC falou depois disso e disse que a OWC acredita que a água é um direito humano que deve ser acessível a todos, e que a melhor maneira de garantir isso é mantê-la pública. Além disso, afirmou que quaisquer mudanças feitas na estrutura da PWSA deveriam servir apenas para aumentar a democracia e a transparência. Esse morador foi seguido por mais duas pessoas da OWC, uma das quais entregou ao BRP uma cópia impressa das recomendações (elaboradas pela OWC) para a reestruturação da estrutura de governança. Também fiz comentários públicos nessa reunião, falando sobre a necessidade de enfocar na equidade. Em última análise, embora as primeiras discussões e reuniões públicas envolvendo a BRP incluíssem a possibilidade de outra PPP, no final, as recomendações da BRP eram contra a privatização "neste momento" (Lindstrom, 2017; Blue Ribbon Panel, 2017).

Esse é um exemplo ilustrativo da função crítica que a resistência do movimento social pode desempenhar na reversão ou prevenção da privatização. Os estudos de movimentos sociais têm se concentrado em resultados, e os resultados são importantes, mas podem ser difíceis de avaliar sem uma atenção especial aos processos complexos e de longo prazo da formulação de políticas públicas. Dito isso, os movimentos sociais podem ser atores-chave na prevenção ou reversão das formas de privatização e na promoção da voz local e da equidade e das políticas ambientais (Robinson, 2013; Almeida, 2019). A privatização – incluindo, e especialmente, as PPPs – faz parte do roteiro hegemônico de recomendações de políticas promovidas global e entusiasticamente pelo Banco Mundial e outras entidades poderosas. Os atores do governo muitas vezes relutam em desafiar as recomendações que eles presumem que foram testadas ou que desafiam a ordem hegemônica e o poder corporativo prevalecentes (Nowak, 2016; Sager, 2011; Miraftab, 2004).

No caso da OWC, a resistência serviu (e continua a servir) como um impulsionador crítico das reversões da privatização e na definição do significado da água pública (González Rivas; Schroering, 2021). Essa mudança na política só pode ser explicada pela presença da organização da OWC. Meu trabalho com a OWC mostra que sua mobilização, ao lado da pressão de funcionários públicos aliados e outras organizações comunitárias e moradores, interrompeu a possibilidade de outra PPP. Uma nova PPP poderia ter ocorrido em vários pontos e, especificamente, durante dois pontos no tempo: primeiro após as recomendações do BRP e, em seguida, com o People's Gas, que discutiremos em breve. Os esforços da OWC no sentido de educação pública coordenada, mobilização e pressão política encorajaram e mobilizaram residentes que poderiam ser contra a privatização, mas de outra forma não teriam comparecido a reuniões públicas e outros eventos, colocando pressão sobre os tomadores de decisão (Weinman, 2019; Krauss, 2019).

A OWC também promoveu educação política para funcionários e políticos locais para ajudá-los a entender o que a população deseja e por que é necessário adotar uma postura antiprivatização. Não se trata de "crédito" a uma entidade, mas sim de promover o objetivo de uma água pública acessível a todos, com uma governança transparente e democrática. No caso da OWC, o poder do povo mudou a trajetória do que poderia ter ocorrido, e isso incluiu pressionar os funcionários públicos (que também são moradores) a atender e ouvir as demandas dos cidadãos (organizados). É importante destacar o argumento da OWC, de que a água é um direito humano, em oposição ao que era dito, de que "não é um direito inalienável que deveria ser gratuito". Em outras palavras: mobilizar as pessoas (moradores, mas também lideranças públicas) para se opor à linha hegemônica de ver as PPPs como benéficas e necessárias exigiu organização e educação contra a hegemonia da lógica pró-empresarial e antigovernamental que prevalece em nossa sociedade hoje.

Isso também está relacionado à função dos fluxos de conhecimento do Sul para o Norte. Devido às reformas neoliberais, o Sul Global tem mais experiência com os fracassos das PPPs em torno da água e, por sua vez, com o fracasso dessa lógica. Seguindo uma análise gramsciana, eu argumentaria que um dos resultados mais importantes dos movimentos é desafiar a hegemonia – isso significa influenciar como os residentes estao pensando sobre uma questão. Claro, interromper a hegemonia é uma condição necessária, mas não suficiente – mas o trabalho da OWC está de fato abrindo espaço para isso. Também se relaciona com a história de "aliados improváveis" de Broad e Cavanagh (2021) sobre o combate à privatização da água em El Salvador. A luta reuniu uma ampla e complexa lista de atores; juntos, eles formaram uma força contra-hegemônica que venceu a luta.

O impulso da OWC para a água pública surgiu da compreensão da função que a Veolia desempenhou na crise principal de Pittsburgh, da pesquisa em outras localidades que haviam experimentado PPPs e da conexão com outras pessoas que experimentaram baixa qualidade da água e taxas crescentes devido às PPPs. Desde o início, a campanha tem se concentrado em garantir que a água permaneça pública (incluindo não mais PPPs) e que o serviço público seja pressionado e responsabilizado pelo fornecimento de água potável e acessível. As parcerias público-privadas, forma mais comum de privatização da água nos Estados Unidos, são piores do que a privatização total, porque todos os riscos são transferidos para o lado público e todo o lucro, para o lado privado (Kishimoto *et al.* 2017; Bel *et al.* 2017).

Uma das estratégias das forças de elite/mercado tem sido se apropriar das ideias dos movimentos sociais. Isso se manifestou na prática das PPPs e as impeliu como uma alternativa pública e democrática à privatização. Nesse sentido, o próprio termo reflete uma resposta à pressão do movimento (Smith; Plummer; Hughes, 2017).[12] O uso do termo PPP também complica ainda mais como os movimentos lutam contra as forças hegemônicas e a privatização, uma vez que "PPP" sugere colaboração e parceria e inclui a palavra "público". Para lançar luz sobre os aspectos problemáticos das PPPs, a OWC teve que colocar uma energia considerável na educação em torno do que o termo significa. A OWC concentrou-se e organizou-se desde o início para a água pública e contra a privatização (incluindo PPPs). Quando, em 2018, uma concessionária privada começou a trabalhar ativamente para firmar uma nova PPP com a PWSA, a OWC

12 Smith *et al.* (2017) também observam como essa resposta de "resistência neutralizante" por parte dos poderes/autoridades hegemônicas torna difícil estudar os movimentos e seus resultados.

observou a necessidade de mais educação sobre o que constitui e não constitui privatização. Essa educação ocorreu de duas maneiras principais: primeiro, com funcionários públicos e eleitos e, segundo, com os moradores e o público.

Poucos anos após o término do contrato da Veolia e recomendações pós-BRP, começaram os rumores de uma nova PPP com a PWSA. A OWC (ao lado de outros moradores individuais aliados, funcionários públicos e organizações) lutou contra as novas PPPs propostas – esforços liderados principalmente pela People's Gas (a empresa privada de gás da cidade), Penn American Water Company (a empresa privada de água que fornece água para um pequeno segmento da cidade), e Aqua America Water Company (uma grande empresa privada de água nos Estados Unidos) e a Allegheny Conference (uma organização de Pittsburgh que representa os interesses do setor empresarial) (Shaw, 2019).

Em maio de 2018, a People's Gas começou a se reunir clandestinamente com vereadores da Câmara Municipal; em junho de 2018, a OWC começou a advogar contra a People's Waters (Água do Povo), um plano criado pela People's Gas para criar uma PPP com a PWSA, liderada pelo presidente e CEO da People's Gas, bem como pelo ex-chefe de gabinete do prefeito, que também alegou ser contra a privatização (Shoemaker, 2018a). Essa virada de eventos trouxe à luz o significado borrado da privatização: não era apenas a People's Gas argumentando explicitamente que o que eles estavam propondo não era privatização.[13] Também foram eleitos líderes e outros (até mesmo alguns que defendiam a oposição à privatização)

[13] Afirmo que isso também é evidência de que a OWC interveio com sucesso para desafiar a lógica hegemônica de que as empresas privadas podem fazer coisas melhor do que os governos.

defendendo isso. Ficou claro que algumas pessoas não entendiam "PPPs" como privatização até que a campanha OWC ajudou a iluminar como elas de fato constituem uma forma de privatização (Shoemaker, 2018b). A OWC decidiu que mais educação sobre PPPs era necessária, pressionando funcionários da cidade e empresas privadas opostas, e dedicou um tempo em reuniões (realizadas pelo menos bimestralmente, com reuniões adicionais focadas em áreas temáticas específicas também ocorriam em semanas alternadas) discutindo encaminhamentos para a questão. Havia algumas preocupações sobre enfrentar um grande alvo e temor de que a coalizão não tivesse o poder de enfrentar o povo. Em última análise, o que foi decidido é que a OWC deve permanecer comprometida com sua postura antiprivatização e assumir o ator corporativo envolvido nela (notas de campo, 29 de março de 2018). Como disse um líder: "Construímos poder suficiente para que eles [as pessoas] nos peçam[14] para ficar quietos – precisamos usar nosso poder" (notas de campo, 24 de maio de 2018).

Ao longo dos anos, a OWC se reunia regularmente com funcionários eleitos locais; participei de mais de uma dúzia deles, especialmente quando o funcionário eleito era um de meus representantes. A OWC, ao tomar conhecimento da nova PPP proposta (chamada People's Water, que seria de propriedade da empresa privada People's Gas), também agendou reuniões com autoridades eleitas para discutir por que uma parceria entre a PWSA e a People's Gas não seria do melhor interesse dos moradores de Pittsburgh. Compartilho aqui um desses encontros, que serve como exemplo ilustrativo, mostrando a dinâmica

[14] Essa pessoa usou a palavra "pedindo", mas seu ponto era que a People's Gas (e aqueles dentro do governo que apoiavam o plano) contava com movimentos para serem intimidados e não resistir.

em torno da educação sobre as PPPs e do combate à proposta da PPP pela People's Gas.Em maio de 2018, oito integrantes da OWC se reuniram com um líder eleito local para discutir o movimento recente da People's Gas para tentar entrar em uma nova PPP com a PWSA. Cada pessoa teve a oportunidade de compartilhar os motivos de ser contra uma nova PPP na reunião com esse governante eleito. Afirmei que a água é um bem público e um direito humano, não uma mercadoria, e que nossa necessidade de água potável não deve ser deixada nas mãos de empresas. Pittsburgh precisa de uma autoridade totalmente pública que preste contas ao povo. Um líder da OWC argumentou na reunião que quando empresas privadas (como a Veolia e a People's Gas) afirmam que trarão "eficiência e economia de custos" para os sistemas de água, isso obscurece a realidade do que está acontecendo: usar seu poder para fazer *lobbies* políticos para remover barreiras à privatização da água para que eles possam ganhar bilhões de dólares. Outra pessoa argumentou que os moradores de Pittsburgh merecem e exigirão transparência, e que as reuniões de bastidores a portas fechadas entre funcionários eleitos e empresas privadas não são transparentes.[15] Depois de ouvir as razões pelas quais a privatização não seria boa, esse líder eleito disse: "É por isso que prometi manter nossa água pública" (referindo-se a sua promessa de campanha política anterior).

Essa declaração ilustrou como a definição de público dessa pessoa incluía parcerias público-privadas. Essa interação mostrou três coisas principais: 1) que as corporações gostam de trabalhar fora do escrutínio público e fizeram um

15 Além disso, como observado acima, uma das pessoas que liderou esse esforço no People's foi o chefe de gabinete do prefeito de Pittsburgh por quatro anos; apenas seis meses após deixar este cargo, ele assumiu a função de responsável por aquisições na People's Gas (Shoemaker, 2018a).

ótimo trabalho lançando essa ideia potencial como algo que seria ambientalmente sustentável, substituiria todas as linhas principais e não aumentaria os custos para as autoridades eleitas locais; 2) discursos como este parecem apelativos para os políticos fiéis à lógica hegemônica do capitalismo de que o governo deve ser reduzido, especialmente na ausência de vozes dos residentes que se manifestem contra ele; 3) é altamente provável, especialmente dado que essa pessoa logo se tornou (e permaneceu) contra as PPPs, enquanto durante essa reunião em particular ela afirmou que as PPPs não constituíam privatização, que a função da educação em torno do que são as PPPs de por que não beneficiam o público é fundamental. Também é importante que essa pressão venha dos cidadãos e que esses moradores tornem o assunto público – uma vez que os atores corporativos e do governo gostariam de mantê-lo em sigilo por mais tempo.[16]

A declaração sugere que (pelo menos em alguns casos), quando expostos a informações e argumentos que estão fora da lógica hegemônica da ordem neoliberal e questionam seus pressupostos básicos, a visão de alguns funcionários públicos muda – especialmente se eles pensam que sua eleição ou reeleição pode depender disso. Isso também destaca a importância do poder do povo: um cidadão contatando sua autoridade eleita ou se manifestando e compartilhando informações provavelmente não terá muito impacto; somente quando houver pressão significativa (vinda de muitas pessoas) é que os funcionários públicos irão ouvir a informação e mudar suas posturas.

---

16 Tudo isso aconteceu de forma privada e sem transparência. Embora seja impossível "provar" que a resistência do movimento social interrompeu isso, o ato de lançar luz sobre o que estava acontecendo mobilizou a resistência dos cidadãos, e eu afirmo que foi o que impediu o negócio de avançar.

A OWC como uma rede de aprendizagem translocal

O ativismo "translocal", conforme definido por Bobby Banerjee é "a capacidade de engajamentos translocais para 'transcender a localidade territorial e mudar os espaços locais de onde emergem'" (Banerjee, 2011, p. 331, tradução nossa).

> As comunidades que habitam esses espaços interagem com configurações particulares de mercado, atores do Estado e da sociedade civil e formam relacionamentos com ativistas locais, grupos comunitários, ONGs nacionais e internacionais e partidos políticos. (Banerjee, 2018, p. 811, tradução nossa)

Embora a literatura tenha tipicamente focado na translocalidade no contexto de atores que residem no Sul Global, esse conceito também é valioso para entender a OWC e o direito à organização da água nos Estados Unidos. Como a estudiosa de justiça da água e direitos humanos Farhana Sultana argumenta, "a justiça da água nunca é apenas local, mas transversal e global" (2018, p. 489, tradução nossa). A OWC é um exemplo de como as comunidades se organizam para assumir o controle da governança local, moldar novos futuros econômicos e garantir que as necessidades e os direitos básicos sejam observados. É um exemplo de ativismo "translocal": ativismo enraizado em uma comunidade específica, mas que também se envolve com movimentos locais, nacionais e globais, governo e mercados, para colocar o direito humano à água acima do lucro. Eu defendo que a OWC também é um exemplo de uma "rede de aprendizagem translocal" (Banerjee 2011, 2018), onde as pessoas estão engajadas em uma luta contra-hegemônica pelo direito à água pública, limpa e acessível e estão se conectando e aprendendo umas com as outras "Em todas as localidades e contextos nacionais à medida que enfrentam algumas das mesmas entidades corporativas que ameaçam os meios de subsistência locais" (Manski e Smith, 2019, p. 8).

Os estudos sobre água discutiram a função das parcerias entre Norte e Sul Global e da organização transnacional na luta pelo direito à água (ver Sultana e Loftus, 2012; Bakker, 2007). Grande parte dessa literatura se concentra em como as organizações e movimentos no Norte se associam para ajudar os do Sul, conforme observado nos capítulos anteriores. Essas conexões translocais estão aprendendo umas com as outras para subverter essa ordem, eu argumento, e as conexões podem fluir do Sul para o Norte. A OWC serve como um exemplo de rede de aprendizagem translocal, onde integrantes aprendem com outros com experiências semelhantes, mas se adaptam aos contextos locais e formam alianças para lutar contra o controle corporativo e alianças (Schroering, 2024). No ativismo translocal, de acordo com Banerjee, os moradores se envolvem uns com os outros, com o Estado e com o mercado e lutam por parcerias voltadas para a comunidade, ideias comunais de direitos de propriedade *versus* direitos de propriedade privada e por direitos participativos e democráticos e estruturas de governança horizontal (Banerjee, 2018, p. 812). Isso se relaciona com o que descrevi anteriormente em termos de como os movimentos pelo direito à água estão lutando pelo direito à água e em oposição à ideia de que a água é uma mercadoria.

Como Sultana enfatiza: "A crescente mercantilização da água significa que a água recebe um valor econômico impulsionado por uma lógica de mercado" (McDonald, 2016 *apud* Sultana, 2018, p. 485, tradução nossa). Em última análise, a resistência translocal busca "mudar a lógica do sistema político-econômico" (Mignolo, 2007 *apud* Banerjee, 2011, p. 339; ver também Schroering, 2024, p. 79). Nas páginas a seguir, explico como e por que esse conceito se aplica à mobilização de Pittsburgh.

Como Olivera e Lewis observaram no contexto da luta de Cochabamba, na Bolívia, há duas lógicas de privatização a serem combatidas: a "propriedade privada das transnacionais" e a "propriedade privada do Estado", ambas as quais buscam controlar a riqueza social sem a palavra do povo, sem a voz da democracia (Olivera; Lewis, 2004, p. 156). De muitas maneiras, parece que se trata de uma oposição a uma narrativa de controle privado *versus* controle público dos bens sociais – uma narrativa que não é exclusiva da Bolívia. Na verdade, grande parte de sua discussão é paralela às lutas do Brasil e da OWC em Pittsburgh.

A resistência translocal no contexto da água tem consequências significativas, pois é fundamental para a própria vida. Uma vez que o sistema que causa conflitos pela água é global, muitos ativistas veem cada vez mais a necessidade de "globalizar a luta". O translocalismo permite a construção de uma análise e ação em escala global, ao mesmo tempo que mantém a sensibilidade ao lugar, à vida e à comunidade enraizada no local. Eu aplico o termo rede de aprendizagem translocal a OWC porque ele se encaixa na definição de Banerjee (descrita acima) de uma comunidade que enfrenta diferentes atores do Estado e do mercado e pressiona para que ambos tenham uma palavra a dizer sobre como a governança é feita e sejam incluídos na definição da tomada de decisão processo (Banerjee 2011, 2018).[17] A literatura anterior argumentou que os esforços antiprivatização ou remunicipalização nos Estados Unidos foram conduzidos por questões pragmáticas (a privatização leva a custos mais altos e redução da qualidade do serviço) e não por políticas (oposição ideológica à privatização, a ideia de que a água deve ser um bem comum) (McDonald, 2018; War-

[17] Isso também se relaciona com a ideia de redes de aprendizagem, especialmente no Sul Global, sobre as quais outros escreveram (ver McMichael, 2008; Barbosa, 2016; Rosset *et al.* 2021; Bringel; Vieira, 2016; Holt-Giménez, 2006).

ner; Aldag, 2019). No entanto, a OWC ilustra um movimento pela água pública que está enraizado em uma posição política contra a privatização, desde o seu início.[18]

Em abril de 2017, durante o primeiro ano em que a OWC se fundiu, eles organizaram uma audiência pública intitulada "Não a outra Flint" (*Not Another Flint*). Ativistas da organização comunitária Flint Rising foram convidados a falar no evento. A OWC também forneceu alimentos e informações sobre testes de chumbo e filtros (e alguns filtros gratuitos). Esse evento foi importante, eu argumento, porque preparou o cenário para a resistência e mobilização dos cidadãos, sem as quais Pittsburgh poderia ter se tornado outra Flint. Eu agora forneço alguns exemplos adicionais de como a OWC serve como um exemplo de uma rede de aprendizagem translocal, especificamente no engajamento da comunidade e na organização.

Em dezembro de 2017, a OWC realizou uma ação pública, "O Grinch Roubou Nossa Água", fora do escritório do procurador distrital para destacar a função que a Veolia desempenhou na crise de liderança e exigir que a Veolia fosse responsabilizada. Essa atividade também exemplificou a ideia de uma rede de aprendizagem translocal, uma vez que incluiu ativistas de fora de Pittsburgh que estavam familiarizados com organizações semelhantes contra a privatização da água e a Veolia em diferentes partes do mundo. Nesse evento, vários palestrantes – a maioria de Pittsburgh, mas também alguém da Corporate Accountability – falaram sobre a história da Veolia (nos Estados Unidos e globalmente) e afirmaram que todas as pessoas têm direito à água potável limpa e segura. Como tal,

---

18 Marcela González Rivas e eu temos um artigo de 2021 publicado na *Utilities Policy* que enfoca e explora esse ponto em detalhes (González Rivas; Schroering, 2021).

a Veolia precisava ser responsabilizada por seu papel na crise do chumbo de Pittsburgh. Conforme afirmou a organizadora da OWC no evento:

> É importante lembrar como chegamos aqui: uma empresa de água com sede na França, empresa privada de água, Veolia, assumiu a gestão de nossa autoridade de água [...] a OWC está ao lado dos moradores de Pittsburgh e ecoando o apelo das autoridades eleitas locais e anunciando nossa apresentação de uma queixa formal contra a Veolia North America em nome dos cidadãos de Pittsburgh por seu cargo na crise principal de Pittsburgh. (Notas de campo, 18 de dezembro de 2017)

As duas dezenas de participantes também cantaram "Canções de Natal satíricas da Veolia" (com a ressalva de que "pretendem ser uma sátira e não acusações literais contra a Veolia").[19]

Em janeiro de 2019, o gabinete do procurador-geral do estado anunciou que estava investigando a PWSA. A OWC pediu que a má gestão da PWSA pela Veolia também fosse investigada. No comunicado, fica claro que, embora houvesse provavelmente culpa a ser compartilhada (ou seja, a PWSA também estaria implicada na má gestão), ignorar completamente a função que a Veolia desempenhou na má gestão da PWSA seria injusto e negligente (Weinman; Weiss, 2019; Our Water Campaign, 2019).

No dia 4 de abril de 2019, Aly Shaw (ex-organizadora da OWC), Jamilah Lahijuddin (integrante da OWC e organizadora do Hill District Consensus Group) e eu fomos convidadas a apresentar em um painel na Universidade de Pittsburgh com o estudioso da água Emanuele Lobina[20]

---

19 Para assistir a um vídeo da ação, ver: www.facebook.com/watch/live/?v=7608376874360488&ref=watch_permalink.

20 Lobina é um pesquisador que trabalha para o Public Services International, um grupo que também atuou de maneira importante no Congresso da Nigéria.

intitulado "O Direito Humano à Água: Ameaças de Privatização em Pittsburgh e no Mundo". Lobina explanou sobre as forças que moldam o intenso debate de hoje em torno do acesso à água e como as pressões para privatizar as concessionárias de água impactam as cidades em todo o mundo. Eu me concentrei principalmente nas lutas em torno da energia e da água no Brasil e conectei essa luta à experiência com a OWC na Nigéria. Aly se concentrou mais explicitamente em falar sobre a Veolia e como a Veolia vinculou os esforços em Pittsburgh com a Nigéria. Finalmente, Jamilah se concentrou no trabalho de organização que a OWC havia feito em Pittsburgh para manter a água pública. Esse evento ilustra o aprendizado translocal e a resistência ao vincular as lutas contra-hegemônicas contra a privatização e o direito à água em vários locais, ao mesmo tempo que se concentra na organização local. Ele mostra como os ativistas se engajam com o Estado e os mercados para lutar por estruturas participativas, democráticas e mais horizontais de governança, entre outras coisas (Banerjee, 2018, p. 812).

Em 5 de março de 2019, Aly e eu também compartilhamos com a OWC a experiência na Nigéria, detalhando o que aconteceu na Cúpula e o que aprendemos sobre água e questões ambientais na Nigéria após o Congresso. Esse foi outro espaço para conectar o local e o global, e para focar em como, assim como as corporações se organizam transnacionalmente além das fronteiras, também devem fazer os movimentos que lutam pelo direito à água e contra o controle corporativo da água. Esse entendimento é essencial porque as empresas que buscam privatizar a água operam em âmbito local, nacional e internacional. Em 2019, o PA House Bill 751 (que permitiria ao Estado processar autoridades públicas de água como a PWSA) buscou abrir a privatização na Pensilvânia. O projeto foi aprovado em ambas as casas do Congresso e foi sancionado pelo governador em 2 de julho de 2019.[21]

A Pensilvânia é agora um lugar onde as empresas privadas de água procuram ter mais controle. Uma maneira de fazer isso é comprando sistemas menores de água e esgoto. Isso aconteceu em pequenos municípios ao redor de Pittsburgh nos últimos dois anos, incluindo McKeesport e Clairton (notas de campo, 2 de abril de 2019). A Pennsylvania American Water adquiriu o sistema de águas residuais de McKeesport em 2017 (Pennsylvania American Water, 2019). Outros municípios do condado de Allegheny já venderam, ou estão em processo de vender, seus sistemas de esgoto (Carr, 2021). É também por isso que ações como a promessa contra a privatização da água são essenciais; elas fornecem uma plataforma pública para manter os funcionários públicos em seu compromisso de lutar contra a privatização e pela água pública. Essas campanhas promovem a transparência, educam os residentes sobre tópicos essenciais para a governança democrática e preenchem o vazio de informações deixado pelo declínio da mídia independente local.

Conclusão

Um ponto repetido neste artigo foi que a água é um direito e que a organização em Pittsburgh foi guiada por esse princípio. David Harvey escreve sobre como a ideia de direitos humanos nos Estados Unidos muitas vezes se baseia em uma noção individual, em vez de coletiva, de modo que pode, de fato, apenas alimentar ainda mais o neoliberalismo. Essa lógica pode alimentar ainda mais as ameaças que esse caso mostra aos direitos coletivos e aos serviços públicos projetados para fornecê-los.

21 Veja aqui: www.legis.state.pa.us/cfdocs/billinfo/bill_history.cfm?syear=2019&sind=0&body=H&type=B&bn=751.

Então, como podemos elevar o coletivo? (Harvey, 2012) Harvey argumenta que fazemos isso por meio da organização de espaços públicos e bens públicos e que o "direito à cidade" é um direito coletivo, e não um direito a algo que já existe, mas o direito para criar algo diferente, para exigir direitos (Harvey, 2012, p. 137-138). Isso se relaciona com a ideia de que uma alternativa para a forma de globalização que temos atualmente virá de espaços que lutam pelos bens comuns se unindo em um movimento global (Harvey, 2012, p. 114). É isso que eu defendo que está ocorrendo com a organização do direito à água. Uma parte fundamental dos bens comuns é a água; assim, Harvey observa a organização em torno da água, e especificamente a luta de Cochabamba, na Bolívia, como um exemplo de luta por esse "direito à cidade" (Harvey, 2012, p. 141).

A organização pelo direito à água em Pittsburgh é um exemplo de motivadores políticos, não apenas pragmáticos, de remunicipalização, que serve como um contraexemplo ao que pesquisas anteriores argumentaram ser verdade no contexto dos Estados Unidos (McDonald, 2018). O caso de Pittsburgh ilustra como a privatização representou ameaças reais e diretas à saúde e ao custo de vida das pessoas. A solução que surgiu foi manter a água como um bem público administrado pelo governo (local) e lutar contra a predação corporativa.

A OWC criou mensagens claras em torno de uma combinação complexa de processos. Ela conectou a necessidade de equidade (acessibilidade/proteção dos moradores) e a qualidade da água/sustentabilidade ambiental (substituições de linhas de chumbo, voltando ao controle comprovado de corrosão, defendendo uma taxa de águas pluviais) com a importância de manter a água pública e a visão de que a água deve ser acessível a todos. A OWC se envolveu com empresas de serviços públicos e funcionários públicos para instituir e aumentar os mecanismos de financiamento para fazer melhorias na infraestrutura (como substituições de tubulações de chumbo). Também pontuou as falhas das parcerias público-privadas e articulou uma visão da água pública centrada na transparência, na equidade e nas novas formas de governança. A organização da OWC também abriu espaço para que os oponentes da privatização dentro do governo se manifestassem, quando, de outra forma, eles poderiam ter sucumbido à pressão (de dentro e de fora do governo) para privatizar. Construir relacionamentos entre diversos atores e mudar as formas de pensar (ou pelo menos mudar de posição) em questões essenciais – como a privatização da água – era importante.

A OWC trabalhou para criar uma governança mais transparente e democrática, mostrando aos funcionários públicos o que precisava ser feito e organizando-se para garantir que os serviços públicos atendessem às necessidades públicas. Nesse processo de organização para defender sua saúde e bem-estar, os residentes também aprenderam como funciona o governo municipal e como pressionar por um governo local mais funcional e responsivo.

Isso se relaciona com a forma como os movimentos que lutam pelo direito à água também são mais do que água: são movimentos que desafiam a lógica capitalista e hegemônica. Assim como as corporações transnacionais atuam globalmente, os movimentos que resistem à privatização fazem o mesmo: suas lutas são focadas localmente e a organização ocorre em âmbito local, mas essas lutas também estão vinculadas a processos nacionais e globais mais extensos. O ativismo translocal diz respeito às pessoas se engajando com o Estado e os mercados e lutando por estruturas de governança participativas, democráticas e mais horizontais, bem como às noções mais comuns de direitos de propriedade, direitos de subsistência e justiça social (Banerjee, 2018, p. 812).

Referências

ADDISON, Rebecca. "While PWSA and Veolia Squabble over Who's to Blame, Some Call for Quicker Action to Address Pittsburgh's Lead Crisis". *Pittsburgh City Paper*, 16 August 2017. Retrieved 23 June 2023. Available on: https://web.archive.org/web/20230701162046; www.pghcitypa per.com/news/while-pwsa-and-veolia-squabbleover-whos-to-blame-some-call-for--quicker-action-to-address-pittsburghslead-crisis-3813202.

ALMEIDA, Paul. *Mobilizing Democracy: Globalization and Citizen Protest*. Baltimore: Johns Hopkins University Press, 2014.

ALMEIDA, Paul. *Social movements: The Structure of Collective Mobilization*. University of California Press, 2019.

ALTIERI, Miguel A. and TOLEDO, Victor Manuel. "The Agroecological Revolution in Latin America: Rescuing Nature, Ensuring Food Sovereignty and Empowering Peasants". *The Journal of Peasant Studies* 38(3), p. 587-612, 2011.

BAKKER, Karen. "The 'Commons' *versus* the 'Commodity': Alter-Globalization, Anti-Privatization and the Human Right to Water in the Global South". *Antipode* 39(3), 2007, p. 430-455.

BANERJEE, Subhabrata Bobby. "Transnational Power and Translocal Governance: The Politics of Corporate Responsibility". *Human Relations* 71(6), p. 796-821, 2018.

BANERJEE, Subhabrata Bobby. "Voices of the Governed: Towards a Theory of the Translocal". *Organization*, 18(3), p. 323-344, 2011.

BARLOW, Maude, and CLARKE, Tony. *Blue Gold: The Fight to Stop the Corporate Theft of the World's Water.* New York: New Press, 2002.

BEL, Germa. Public *Versus* Private Water Delivery, Remunicipalization and Water Tariffs. *Utilities Policy*, 62, p. 100982, 2020.

BEL, Germa; BEL-PIÑANA, Paula and ROSELL, Jordi. Myopic PPPs: Risk Allocation and Hidden Liabilities for Taxpayers and Users. *Utilities Policy*, 48, 2017, p. 147-156.

BIELER, Andreas. *Fighting for Water: Resisting Privatization in Europe*. London and New York: Zed Books, Bloomsbury Publishing Plc., 2021.

BIELER, Andreas and MOORE, Madelaine. "Water Grabbing, Capitalist Accumulation and Resistance: Conceptualising the Multiple Dimensions of Class Struggle". *Global Labour Journal* 14(1), p. 2-20, 2023.

BLUE RIBBON PANEL. "Report of the Mayor's Blue Ribbon Panel Restructuring the Pittsburgh Water and Sewer Authority". Retrieved 23 June 2023. Available on: https://web.archive.org/web/20220320232441; www.puc.pa.gov/pcdocs/1552 668.pdf.

BROAD, Robin, and CAVANAGH, John. *The Water Defenders: How Ordinary People Saved a Country from Corporate Greed*. Beacon Press, 2021.

BROWN, Maia. "Stopping Veolia: A Report from Seattle". *E-flux Architecture*, 2019. https://web.archive.org/web/20200709174838/https://power.buellcenter.columbia.edu/essays/stopping-veolia-report-seattle.

BROWN, Colin; NEVES-SILVA, Priscila and HELLER, Léo. The Human Right to Water and Sanitation: A New Perspective for Public Policies. *Ciencia & Saúde Colectiva*, 21(3), 2016, p. 661-670.

BRULLE, Robert J., and PELLOW, David N. "Environmental Justice: Human Health and Environmental Inequalities". *Annual Review of Public Health*, 27, 2006, p. 103-124.

BULLARD, Robert. "Anatomy of Environmental Racism and the Environmental Justice Movement", p. 15-39, *in:* BULLARD, R. (ed.) *Confronting Environmental Racism: Voices from the Grassroots,* Boston/MA: South End Press, 1993.

CARR, Dillon. "How Much Are Penn Hills' Sewers Worth? Officials to Discuss Privatizing the Municipality's System", 2021. Retrieved April 12, 2021. Available on: https://triblive.com/local/penn-hills/how-much-are-penn--hills-sewers-worth-officials-to-discuss-privatizing-the-municipalitys--system/.

CARRUTHERS, David V. "Introduction: Popular Environmentalism and Social Justice in Latin America". *In:* CARRUTHERS, D. V. *Environmental Justice in Latin America: Problems, Promise and Practice.* Cambridge and London: MIT Press, 2008.

CHIPMAN, Kim. "California Water Futures Begin Trading Amidst Fear of Scarcity" *Bloomberg,* 2020. Available on: https://web.archive.org/web/20240627201034/https://www.bloomberg.com/news/articles/2020-12-06/water-futures-to-start-trading-amid-growing-fears-of--scarcity.

CLARK, Anna. *The Poisoned City: Flint's Water and The American Urban Tragedy.* Metropolitan Books, 2018.

CLOSING THE GAP WORKING GROUP. Ford Institute of Human Security. Working Paper, 2022.

COHEN, Donald. N.d. "Is the Tragedy in Flint an Opening for Privatization?" *In the Public Interest.* Retrieved February 10, 2021. Available on: www.inthepublicinterest.org/is-the-tragedy-in-flint-an-opening-for-privatization/#.

COLE, Luke and FOSTER, Sheila. *From the Ground Up:* Environmental Racism and the Rise of the Environmental Justice Movement. New York and London: New York University Press, 2001.

CORPORATE ACCOUNTABILITY. "Statement: Public Officials Indicted for Alleged Crimes Related to the Flint Water Crisis". Retrieved April 21, 2021. Available on: www.corporateaccountability.org/media/statement-public-officials-indicted-for-alleged-crimes-related-to-the-flint-water--crisis/.

DEPARTMENT OF HUMAN SERVICES. "Water Assistance Program/LIHWAP", 2022. Available on: www.dhs.pa.gov/Services/Assistance/Pages/LIHWAP.aspx.

DESAI, Manisha. *Subaltern Movements in India: Gendered Geographies of Struggle Against Neoliberal Development.* Routledge, 2015.

DICHIRO, Giovanna. "Nature as Community: The Convergence of Environment and Social Justice", p. 120-143. *In:* GOLDMAN, Michael (ed.) *Privatizing*

Nature: Political Struggles for the Global Commons. New Brunswick/New Jersey: Rutgers University Press, 1998.

ECKEL, Rianna. "Baltimore Becomes First Big U.S. City to Ban Water Privatization". *Food and Water Watch.* Retrieved December 10, 2020. Available on: www.foodandwaterwatch.org/news/baltimore-becomes-first-big-us-city-ban-water-privatization.

ESCOBAR, Arturo. *Territories of Difference: Place, Movements, Life, Redes.* Durham and London: Duke University Press, 2008.

FABRICANT, Nicole. *Mobilizing Bolivia's Displaced: Indigenous Politics & The Struggle Over Land.* Chapel Hill/NC: The University of North Carolina Press, 2012.

FONGER, Ron. "AG Claims Bad Advice from Private Companies Caused Flint Water Crisis". *MLive.com*, 2019. Retrieved March 21, 2021. Available on: www.mlive.com/news/flint/2019/04/ag-claims-bad-advice-from-private-companies-caused-flint-water-crisis.html.

FOOD AND WATER WATCH. *Water Privatization Threatens Workers, Consumers and Local Economies,* 2009. Retrieved April 24, 2021. Available on: www.inthepublicinterest.org/wp-content/uploads/unionJobsFinal-web.pdf.

FOOD AND WATER WATCH. The State of Public Water in The United States, 2016. Retrieved December 10, 2020. Available on: www.foodandwaterwatch.org/sites/default/files/report_state_of_public_water.pdf.

GASTEYER, Stephen; ISAAC, Jad; HILLAL, Jane and WALSH, Sean. "Water Grabbing in Colonial Perspective: Land and Water in Israel/Palestine". *Water Alternatives,* 5(2), p. 450-468, 2012.

GLENZA, Jessica. "Nestlé Pays $200 a Year to Bottle Water Near Flint – Where Water is Undrinkable". *The Guardian*, 2017. Retrieved April 20, 2021. Available on: www.theguardian.com/us-news/2017/sep/29/nestle-pays-200-a-year-to-bottle-water-near-flint-where-water-is-undrinkable.

GLOBAL WATER INTELLIGENCE. "Veolia North America Finds New Strategies for Growth After PPS Fails to Make Headway". Global Water Intelligence, 19(2), 2018.

GLOBAL WATER INTELLIGENCE. "Pittsburgh Restructuring, PA." 2 April 2019.

GONZÁLEZ RIVAS, Marcela. "A Tale of Two Water Operators: Legacies of Public Versus Private Amidst Covid19 in Pittsburgh". *In*: MCDONALD, David A.; SPRONK, Susan J. and CHAVEZ, Daniel (eds). *Public Water and Covid-19: Dark Clouds and Silver Linings.* Municipal Services Project (Kingston) and Transnational Institute (Amsterdam), 2020.

GONZÁLEZ RIVAS, Marcela and SCHROERING, Caitlin. "Pittsburgh's Translocal Social Movement: A Case of the New Public Water." *Utilities Policy,* 71, p. 1-8, 2021.

HARVEY, David. "The 'New' Imperialism: Accumulation by Dispossession". *Socialist Register,* 40, p. 63-87, 2004.

HARVEY, David. *Rebel Cities: From the Right to the City to the Urban Revolution.* London and Brooklyn/NY: Verso, 2012.

HOLDEN, Emily; FONGER, Ron and GLENZA, Jessica. “Revealed: Water Company and City Officials Knew About Flint Poison Risk”. *The Guardian,* 2019. Retrieved March 21, 2021. Available on: www.theguardian.com/us-news/2019/dec/10/water-company-city-officials-knew-flint-lead-risk--emails-michigan-tap-water.

HOSEA, Leana and Sharon Lerner. “From Pittsburgh to Flint, The Dire Consequences of Giving Private Companies Responsibility for Ailing Public Water Systems”. *The Intercept,* 2018. 20 May 2018. Available on: https://theintercept.com/2018/05/20/pittsburgh-flint-veolia-privatization-public--water-systems-lead/.

HYLTON, Forrest and THOMSON, Sinclair. “Revolutionary Horizons: Past and Present”. *Bolivian Politics.* London and New York: Version, 2007.

IDEAS FOR DEVELOPMENT. “The Financialization of Water: Pursuit of Profit Draining Human Rights”, 2020. Retrieved April 21, 2021. Available on: https://ideas4development.org/en/financialization-of-water-pursuit-of--profit-draining-human-rights/

ITPI. “A Guide to Understanding and Evaluating Public-Private Partnerships in the Water Sector”. *In the Public Interest.* 2019a. Retrieved March 21, 2021. Available on: www.inthepublicinterest.org/wp-content/uploads/ITPI_P3WaterGuide_Nov2019.pdf.

ITPI. “People are fighting water privatization right now from Chile to the Rust Belt”. *In the Public Interest,* 2019b. Retrieved March 21, 2021. Available on: www.inthepublicinterest.org/people-are-fighting-water-privatization--right-now-from-chile-to-the-rust-belt/.

KISHIMOTO, Satoko; PETITJEAN, Olivier and STEINFORT, Lavinia. Reclaiming Public Services: How Cities and Citizens are Turning Back Privatization. *In:* KISHIMOTO, S. and PETITJEAN, O. (ed.) *Reclaiming Public Services: How Cities and Citizens are Turning Back Privatization.* Amsterdam and Paris: Transnational Institute, 2017.

KRAUSS, Margaret J. “PWSA Pledges to Keep Authority Public”. *90.5 WESA,* 2019. Retrieved March 21, 2021. Available on: www.wesa.fm/post/pwsa--pledges-keep-authority-public?fbclid=IwAR3NE_6zMSku3aTOGKAjeRcoHHZ-6qrIgp2turlPGAzoUgy8TXAtSF2txTo#stream/0.

LAKHANI, Nina. “Revealed: millions of Americans can’t afford water as bills rise 80% in a decade.” *The Guardian,* 2020a. Retrieved November 9, 2020. Available on: www.theguardian.com/us-news/2020/jun/23/millions-of--americans-cant-afford-water-bills-rise?fbclid=IwAR3VOBOaKYWBcZ_uPixQuzNB-WwlKkfh9Vx_VwyOfzNaW3sLPcv8BvJFRes.

LAKHANI, Nina. “People of color more likely to live without piped water in richest US cities.” *The Guardian,* 2020b. Online. 2 November 2020. Available on: www.theguardian.com/environment/2020/nov/02/people--of-color-piped-water-us

LEWIS, Tammy. *Ecuador’s Environmental Revolutions: Ecoimperialists, Ecodependents, and Ecoresisters.* Cambridge/Massachusetts: The MIT Press, 2016.

LINDSTROM, Natasha. “Peduto Taps ‘Blue-Ribbon’ Panel to Restructure Troubled PWSA”, 2017. Retrieved December 12, 2021. Available on: https://

archive.triblive.com/local/pittsburgh-allegheny/peduto-taps-blue-ribbon--panel-to-restructure-troubled-pwsa/.

LOBINA, Emanuele and David Hall. "The Comparative Advantage of the Public Sector in the Development of Urban Water Supply". *Progress in Development Studies,* 8(1), 2008.

LURIE, Julie. "How One Company Contaminated Pittsburgh's Drinking Water". *Wired,* 2016. Retrieved September 4, 2017. Available on: www.wired.com/2016/10/pittsburghs-drinking-water-got-contaminated-lead/.

MANSKI, Ben and SMITH, Jackie. "Introduction: The Dynamics and Terrains of Local Democracy and Corporate Power in the 21st Century". *Journal of World-Systems Research, 25*(1), 2019, p. 6-14.

MARK, Monica. "A Company at The Center of Flint's Water Crisis Is on The Shortlist to Serve Millions in Africa". *BuzzFeed,* 2018. Retrieved March 21, 2021. Available on: www.buzzfeednews.com/article/monicamark/lagos-flint-veolia?bftwnews&utm_term=4ldqpgc#4ldqpgc.

MEMBERS OF THE MAYOR'S BLUE RIBBON PANEL. "Privatization is Not the Answer for the Pittsburgh Water and Sewer Authority." Opinion, Pittsburgh Post-Gazette, 11 March 2018. Retrieved 28 June 2023. Available on: https://web.archive.org/web/20230331092454; www.post-gazette.com/opinion/Op-Ed/2018/03/11/Privatization-is-not-the-answer-for-the--Pittsburgh-Water-and-Sewer-Authority/stories/201803110009.

MENENDIAN, Stephen. "Structural Racism in Flint, Michigan". *Othering & Belonging Institute.* Retrieved March 22, 2021. Available on: https://belonging.berkeley.edu/structural-racism-flint-michigan.

MCDONALD, David. "To Corporatize or Not to Corporatize (and If So, How?)". *Utilities Policy,* 40, 2016, p. 107-114.

MCDONALD, David. Remunicipalization: the Future of Water Services? *Geoforum,* 91, 2018, p. 47-56.

MCDONALD, David and SWYNGEDOUW, Eric. "The New Water Wars: Struggles for Remunicipalisation". *Water Alternatives,* 22(2), 2019, p. 322-333.

MCDONALD, David; SPRUNK, Susan and CHAVEZ, Daniel (eds.) *Public Water and Covid 19: Dark Clouds and Silver Linings.* Kingston/Amsterdam/Buenos Aires: Municipal Service Project, Transnational Institute, and Latin American Council of Social Sciences, 2021.

MIGNOLO, Walter D. *The Idea of Latin America.* Oxford: Blackwell Publishing, 2007.

MIRAFTAB, Faranak. "Public-private partnerships: The Trojan horse of neoliberal development?" *Journal of Planning Education and Research,* 24 (1), 2004, p. 89-101.

MONTAG, Corey. *Water/Color: A Study of Race and the Water Affordability Crisis in America's Cities.* NAACP Legal Defense & Educational Fund, 2019.

NOWAK, Manfred. *Human Rights or Global Capitalism: The Limits of Privatization.* University of Pennsylvania Press, 2016.

OFFICE OF CITY CONTROLLER. *Performance Audit Pittsburgh Water and Sewer Authority,* 2017. Available on: https://apps.pittsburghpa.gov/co/Pittsburgh_Water_and_Sewer_Authority_June_2017.pdf.

OLIVERA, Oscar and Tom Lewis. *Cochabamba: Water War in Bolivia.* Cambridge/MA: South End Press, 2004.

PEARSON, Bethia, Franziska Paul, Andrew Cumbers, and Laura Stegemann. "Public Futures Database Report." University of Glasgow and European Research Council, 2021. Accessed April 18, 2021. Available on: www.gla.ac.uk/media/Media_782991_smxx.pdf.

PENNSYLVANIA AMERICAN WATER. "Mckeesport Water", 2019. Retrieved April 12, 2021. Available on: www.amwater.com/corp/resources/McKeesport_Wastewater_CaseStudy.pdf.

PENNSYLVANIA DEPARTMENT OF ENVIRONMENTAL PROTECTION. "Lead in Drinking water", 2021. Retrieved April 11. Available on: www.dep.pa.gov/Citizens/My-Water/PublicDrinkingWater/pages/lead-in--drinking-water.aspx.

PETRAS, James. *US Imperialism: The Changing Dynamics of Global Power.* Routledge, 2019.

PLANAS, Míriam and Juan Martínez. "A New Water Culture: Catalonia's Public Co-Governance Model in The Making", 2020, p. 153-164, *in:* KISHIMOTO, S.; STEINFORT, L. and PETITJEAN, O. (ed.) *The Future is Public: Towards Democratic Ownership of Public Services*, Amsterdam/The Netherlands: Transnational Institute (TNI).

PULIDO, Laura. "Flint, Environmental Racism, and Racial Capitalism". *Capitalism, Nature, Socialism* 27(3), 2016, p. 1-16.

ROBERTS, J. Timmons and Nikki Demetria Thanos. *Trouble in Paradise: Globalization and Environmental Crises in Latin America.* New York and London: Routledge, 2003.

ROBINSON, Joanna L. *Contested Water: The Struggle Against Water Privatization in the United States and Canada*, MIT Press. *ProQuest Ebook Central*, 2013. Available on: https://ebookcentral.proquest.com/lib/pittebooks/detail.action?docID=3339593.

SAGER, Tore. "Neo-liberal urban planning policies: A Literature Survey 1990-2010." *Progress in Planning* 76 (4), 2011, p. 147-199.

SAWYER, Suzana. *Crude Chronicles: Indigenous Politics, Multinational Oil, And Neoliberalism in Ecuador.* Durham [N.C.]: Duke University Press, 2004.

SCHROERING, Caitlin. *Global Solidarities Against Water Grabbing: Without Water, We Have Nothing.* Manchester University Press, 2024.

SHAW, Alyson. "Pittsburgh." *Water Remunicipalisation Tracker, Transnational Institute and Corporate Europe Observatory*, 2019. Retrieved March 21, 2021. Available on: http://www.remunicipalisation.org/#case_Pittsburgh.

SHIELDS, Doug. "The Stealthy Corporate Scheme to Privatize Pittsburgh's Water System." *In These Times*, 2019. Retrieved April 14, 2021. Available on: https://inthesetimes.com/article/pittsburgh-water-system-corporate-privatization-peoples-gas-aqua-america.

SHIVA, Vandana. *Water Wars: Privatization, Pollution, and Profit.* North Atlantic Books, 2016.

SHOEMAKER, J. Dale. "Peoples CEO Is Working to Gain Trust as the Company Vies to Run Pittsburgh's Water Utility." Public Source, 3 July 2018a. Retrieved 29 June 2023. Available on: https://web.archive.org/

web/20230329135409/; www.publicsource.org/peoples-ceo-is-working--to-gain-trust-as-the-company-vies-to-run-pittsburghs-water-utility/.

SHOEMAKER, J. Dale. "Activists, Public Officials Protest Peoples' Proposal to Overhaul Pittsburgh Water Authority." Public Source, 13 June 2018b. Retrieved 30 June 2023. Available on: https://web.archive.org/web/20210303122954/; www.publicsource.org/activists-public-officials--protest-peoples-proposal-to-overhaul-pittsburgh-water-authority/.

SMITH, Jackie, Plummer Samantha and HUGHES, Melanie. "Transnational Social Movements and Changing Organizational Fields in the Late-20th and Early-21st Centuries". *Global Networks* 17(1), 2017, p. 3-22.

SUBRAMANIAM, Mangala. Neoliberalism and Water Rights: The Case of India. *Current Sociology,* 62 (3), 2014, p. 393-411.

SUBRAMANIAM, Mangala. *Contesting Water Rights*: Local, State, and Global Struggles. Basingstoke: Palgrave Macmillan, 2018.

SULTANA, Farhana and LOFTUS, Alex. *The Right to Water*: Politics, Governance and Social Struggles. NY: Earthscan, 2012.

SULTANA, Farhana. "Water Justice: Why It Matters and How to Achieve It". *Water International,* 43:4, 2018, p. 483-493.

UNITED STATES DEPARTMENT OF ENVIRONMENTAL PROTECTION. "Drinking Water Requirements for States and Public Water Systems", 2021. Retrieved April 11, 2021. Available on: www.epa.gov/dwreginfo/lead-and-copper-rule.

VANDERWARKER, Amy. "Water and environmental justice". *A Twenty-First Century US Water Policy 52*, 2012.

WAIT, Isaac and PETRIE, William Adam. "Comparison of water pricing for publicly and privately owned water utilities in the United States". *Water International*, 2017, 42(8), p. 967-980.

WARNER, Mildred and ALDAG, Austin. "Re-municipalization in the US: A Pragmatic Response to Contracting", *Journal of Economic Policy Reform*, 2019, p. 1-14.

WARNER, Mildred, Marcela González Rivas and ZHANG, Xue. 2021. "Water Equity, Covid-19 and the Role of US Cities and States". *Town Planning Review,* v. 92, n. 2, p. 221-227.

WEINMAN, Alissa. "Victory! Public ownership of water system enshrined in Pittsburgh". *Corporate Accountability,* 2019. Retrieved April 24, 2021. Available on: www.corporateaccountability.org/blog/pittsburg-water--victory/.

WEINMAN, Alissa and Weiss, MADELINE. "Statement: AG Shapiro's Lawsuit Fail to Address Rotten Core of Pittsburgh's Lead Crisis". *Corporate Accountability,* 2019. Retrieved March 21, 2021. Available on: www.corporateaccountability.org/media/shapiro-fails-to-address-rotten-core--of-pgh-lead/.

ZIMMERER, Karl S. "Environmental Governance Through 'Speaking Like an Indigenous State' and Respatializing Resources: Ethical Livelihood Concepts in Bolivia as Versatility or Verisimilitude?" *Geoforum,* 64, 2015, p. 314-24.